매일 만나는
인물 한국사

초등 일력
오늘 역사

시대별 인물

Staff

발행인 정선욱

퍼블리싱 총괄 남형주

기획·개발 김태원 김한길 김경대 김인겸 정명희 조정연

디자인 김정인 이연수

마케팅 조비호

유통·제작 서준성 신성철

초등 일력 오늘 역사 I 202406 초판 1쇄

펴낸곳 I 이투스에듀(주) 서울시 서초구 남부순환로 2547

고객센터 I 1599-3225　**등록번호** I 제 2007-000035호　**ISBN** I 979-11-389-2389-7 [72910]

- 이 책은 저작권법에 따라 보호받는 저작물이므로 무단전재와 무단복제를 금합니다.
- 잘못 만들어진 책은 구입처에서 교환해 드립니다.

초등 일력 오늘 역사를 소개합니다

하루에 한 인물! 하루 3분으로 한국사 지식을 쌓을 수 있어요.

월별 구성

1월	2월	3월	4월
고조선 고구려 백제1	백제2 신라 가야	통일 신라 발해	고려1

8월	7월	6월	5월
조선3	조선2	조선1	고려2

9월	10월	11월	12월
개항기	일제 강점기1	일제 강점기2	현대

일력 미리 보기

✅ 국경일과 법률로 정한 기념일을 정리했어요.

6월 6일 오늘은? 현충일

✅ 나라나 시기를 표기했어요.

▶ 조선

· 오늘의 인물은? ·
세 종

✅ 초등 교육 과정에 나오는 인물을 포함하여 선정했어요.

태종의 셋째 아들이었던 세종은 왕위와는 거리가 멀었어요. 하지만 세자였던 큰형이 나쁜 행동을 하여 쫓겨나 세종이 왕이 되었죠. 아버지 태종이 왕권을 탄탄하게 닦아 놓은 터에 발을 디딘 세종은 많은 업적을 남겼어요. 이 시기에 정치적 안정을 바탕으로 과학 기술과 문화, 예술이 발달했어요. 북쪽 영토를 넓히기도 했죠. 세종은 글자를 몰라 어려움을 겪는 백성을 위해 글자를 만들고 '백성을 가르치는 바른 소리'라는 뜻에서 훈민정음이라고 이름 지었어요.

✅ 중요한 업적이나 일화를 그림과 함께 담았어요.

✅ 국경일이나 중요한 기념일에는 관련 내용을 다루었어요.

7월 17일 오늘은? 제헌절

만들 제(制), 법 헌(憲), 기념할 절(節). 이처럼 제헌절은 헌법을 만든 것을 기념하는 날이에요. 1948년 5월, 우리나라는 처음으로 국회 의원을 뽑는 선거를 지냈고, 이때 뽑힌 국회 의원들로 제헌 국회가 구성되었어요. 제헌 국회는 나라 이름을 '대한민국'으로 정하고 대한민국 헌법을 만들어 같은 해 7월 17일 전 세계에 알렸답니다. 그럼 헌법은 뭘까요? 헌법은 모든 법 중의 최고법으로 모든 법의 기본이 됩니다. 우리나라가 나아가야 할 정신을 담은 법으로, 그 어떤 법도 헌법을 거스를 적용될 수 없어요.

오늘의 한 문장 조선 ㅅ ㅈ 은 글자를 몰라 어려움을 겪는 백성을 위해 훈민정음을

✅ 중요 내용을 한 문장으로 정리했어요.

12월 31일

현대

• 오늘의 인물은? •

이 태 석

　의과 대학을 졸업한 이태석은 가톨릭 신부가 되어 아프리카 남수단 톤즈 지역에 가게 되었어요. 오랜 전쟁으로 어려움에 처한 톤즈 지역에서 이태석이 한 일은 교육과 의료 봉사였어요. 이태석은 마을에 병원을 짓고 의사가 없는 마을을 돌며 직접 사람들을 진료했어요. 마을 사람들과 함께 학교를 세우고 악단을 만들어 지친 아이들에게 음악을 가르쳤죠. 이태석은 큰 병을 얻어 세상을 떠났지만 그의 헌신과 봉사 정신은 아직 사람들의 마음속에 살아 있어요. 이태석의 제자들은 그의 가르침에 따라 다양한 분야에서 봉사의 삶을 이어 가고 있어요.

오늘의 한 문장　ㅇ ㅌ ㅅ 은 아프리카 남수단의 톤즈 지역에서 병원과 학교를 세우는 등 마을 사람들을 도왔다.

안내

- '오늘은?'에 기재된 기념일은 각종 기념일 등에 관한 규정과 개별 법률로 지정된 기념일입니다.
- 국가유산은 국가유산청의 표기를 따랐습니다.

사진 출처

사진 저작물은 '국가유산청'과 '국립중앙박물관'에서 제1유형으로 개방한 사진을 이용했습니다. 해당 저작물은 국가유산청(www.khs.go.kr), 국립중앙박물관(www.museum.go.kr)에서 무료로 다운받으실 수 있습니다.

• 2월 1일 무왕	국가유산청[익산 미륵사지 석탑]
• 3월 3일 김대성	국가유산청[경주 석굴암 석굴(본존불), 경주 불국사 삼층석탑]
• 6월 5일 박자청	국가유산청[창덕궁 인정전]
• 6월 16일 설순	국립중앙박물관[『삼강행실도』]
• 6월 21일 강희안	국립중앙박물관[강희안 필 고사관수도]
• 8월 12일 정선	국가유산청[정선 필 인왕제색도]
• 8월 21일 김홍도	국립중앙박물관[서당, 씨름 『단원 풍속도첩』]
• 8월 29일 김정호	국가유산청[『대동여지도』]

12월 30일

현대

• 오늘의 인물은? •

백 남 준

 비디오 아트라는 새로운 예술 형식을 연 **백남준**은 한국을 대표하는 현대 미술가예요. 백남준은 텔레비전 브라운관을 작품의 소재로 하여 음악과 비디오 등을 결합한 작품을 선보이며 화제를 일으켰어요. 1984년 1월 1일, 미국 뉴욕과 프랑스 파리를 실시간으로 연결하여 「굿모닝 미스터 오웰」이라는 작품을 발표했어요. 이 작품은 세계 최초로 인공위성을 이용해 생중계한 텔레비전 쇼로, 전 세계 약 2500만 명이 봤다고 해요. 지금도 세계 여러 나라에서는 현대 미술을 이야기할 때 백남준을 빼놓지 않고 있답니다.

오늘의 한 문장 현대 미술가 ㅂ ㄴ ㅈ 은 비디오 아트라는 새로운 분야를 열었다.

활용 TIP
이렇게 활용해 보세요.

❝ 가까이 두고 하루에
한 쪽씩 읽어 보세요.
**하루 3분으로 한국사와
친해질 수 있어요.** ❞

① 소리 내어 읽으면 **독서 능력도 확인**할 수 있고, **기억에도 오래 남아요.**
② 매일 꾸준히 읽으면 **문해력도 향상**돼요.
③ 다양한 인물과 함께 **한국사 지식**을 쌓을 수 있어요.
④ **초등 교육 과정에 포함된 인물**을 미리 만날 수 있어요.

12월 29일

현대

• 오늘의 인물은? •

박 병 선

젊은 역사학자 **박병선**은 프랑스 대학을 졸업한 뒤에 프랑스 국립 도서관에서 일했어요. 박병선이 간절히 원하던 일이었죠. 병인양요 때 프랑스군이 빼앗아 간 외규장각 의궤를 되찾고 싶었거든요. 일하는 틈틈이 도서관을 뒤지다 『직지심체요절』이라는 책을 발견했어요. 『직지심체요절』은 고려 시대에 금속 활자로 찍어 낸 책이에요. 지금까지 남아 있는 세계에서 가장 오래된 금속 활자본으로 인정받아 유네스코 세계 기록 유산으로 올라 있어요. 이후 박병선은 외규장각 의궤도 찾아냈고, 의궤가 한국으로 돌아오는 데 힘썼어요.

오늘의 한 문장 은 프랑스 국립 도서관에서 『직지심체요절』과 외규장각 의궤를 찾아내 세상에 알렸다.

1월

고조선, 고구려, 백제1

12월 28일

현대

· 오늘의 인물은? ·

권 정 생

　권정생은 어려서부터 고구마 등을 팔며 힘겹게 생활했고 젊은 시절 얻은 병으로 평생 고생했어요. 교회 종지기*로 안동에 자리 잡으면서 동화를 쓰기 시작했죠. 대표 작품으로 『강아지똥』, 『몽실 언니』 등이 있어요. 권정생의 작품 속에는 세상 낮은 곳의 약한 것들에 대한 사랑이 담겨 있으며, 현실의 어려움을 이겨 내 가는 주인공이 등장해요. 이런 내용은 어린이에게 꿈과 희망을 안겨 주었죠. 권정생은 자신의 재산을 북한 어린이와 세계 곳곳의 굶주리는 어린이들에게 써 달라는 말을 남기고 세상을 떠났어요.

* **종지기** 종을 치거나 지키는 사람

오늘의 한 문장　아동 문학가 ㄱ ㅈ ㅅ 은 『강아지똥』, 『몽실 언니』 등의 작품을 남겼다.

1월 1일

고조선

• 오늘의 인물은? •

단 군 왕 검

단군왕검은 우리 역사 속 최초의 나라인 고조선을 세웠다고 알려져 있어요. 하늘을 다스리는 환인의 아들 환웅이 널리 사람을 이롭게 하기 위해 인간 세상에 내려왔어요. 어느 날 사람이 되고 싶은 곰과 호랑이가 찾아왔는데, 곰만 어려움을 견디고 여자(웅녀)가 되었죠. 환웅과 웅녀가 결혼해 낳은 아들이 단군왕검이며, 단군왕검이 고조선을 세웠다고 해요.

오늘의 한 문장   ㄷ ㄱ ㅇ ㄱ 은 우리 역사 속 최초의 나라인 고조선을 세웠다고 한다.

12월 27일

오늘은? 원자력 안전 및 진흥의 날

▶ 현대

• 오늘의 인물은? •

이 태 영

  이화 여자 전문학교 가사과를 졸업한 <u>이태영</u>은 독립운동가였던 남편의 지지 속에 여성으로는 최초로 서울 대학교 법학과에 입학했어요. 그때 이미 네 아이의 엄마였죠. 그 뒤 사법 시험에 합격한 첫 여성이 되었고, 한국 최초의 여성 변호사가 되었어요. 이태영이 관심을 가졌던 것은 인권*, 그중에서도 여성 인권이었어요. 여성에게 법률적 도움을 주는 여성 법률 상담소(지금의 한국 가정 법률 상담소)를 열었고, 여성에게 불평등한 사회 제도와 법을 고치는 데 앞장섰어요.

* **인권** 인간으로서 당연히 가지는 기본적인 권리

오늘의 한 문장 한국 최초의 여성 변호사 ㅇ ㅌ ㅇ 은 여성에게 불평등한 사회 제도와 법을 고치는 데 앞장섰다.

1월 2일

고조선

· 오늘의 인물은? ·

위 만

　위만은 중국이 혼란한 상황에서 무리를 이끌고 고조선으로 건너왔어요. 당시 고조선의 왕이었던 준왕은 위만의 무리를 받아들이고 위만에게 서쪽 국경* 주변을 지키게 했어요. 그곳에서 세력을 키운 위만은 준왕을 내쫓고 고조선의 왕이 되었어요. 이때부터 고조선이 멸망할 때까지를 '위만 조선'이라고 부르기도 해요.

* **국경** 나라와 나라 사이의 경계
* **멸망** 망하여 없어짐

오늘의 한 문장   중국에서 건너온 ㅇ ㅁ 은 준왕을 내쫓고 고조선의 왕이 되었다.

12월 26일

현대

· 오늘의 인물은? ·

유 일 한

  유일한은 일제 강점기 민족 기업을 세워 발전시킨 기업가이자 독립운동가예요. 어린 나이에 미국으로 건너가 기업가로 성공했죠. 약이 없어 죽어가는 한국 사람들을 보고는 국내로 돌아와 유한양행을 만들었어요. 기업은 개인의 것이 아니라 사회와 종업원의 것이라 생각한 유일한은 유한양행을 주식회사로 바꾸고 주식을 종업원에게 나누어 주었죠. 일제의 탄압이 심해져 미국으로 돌아간 유일한은 광복 이후 국내로 돌아와 다시 유한양행을 이끌었어요. 이후 유일한은 유한양행의 사장 자리에서 물러나면서 회사 경영을 가족이 아닌 전문 경영인에게 맡겼고, 대부분의 재산을 사회에 내놓았어요.

오늘의 한 문장 유한양행을 세운 ㅇ ㅇ ㅎ 은 자신의 재산 대부분을 사회에 내놓았다.

1월 3일

고조선

• 오늘의 인물은? •

성 기

강해지는 고조선에 불안을 느낀 중국 한이 쳐들어왔어요. 고조선 사람들은 온 힘을 다해 맞서 싸웠죠. 전쟁이 길어지자 몇몇 신하들은 우거왕을 죽이고 한으로 도망갔어요. 상황이 더 나빠지자 왕자마저도 항복했어요. 이에 굴하지 않는 사람이 있었어요. 바로 **성기**입니다. 성기는 고조선 백성을 다독여 끝까지 저항했어요. 하지만 성기마저 반대 세력에 목숨을 잃고 도읍 왕검성이 적의 공격을 받아 무너져 결국 고조선은 멸망했어요.

오늘의 한 문장: ㅅ ㄱ 는 한의 침략에 맞서 고조선을 지키기 위해 끝까지 저항했다.

12월 25일

> 현대

· 오늘의 인물은? ·

이 중 섭

한국을 대표하는 화가로 꼽히는 이중섭은 소, 어린이, 가족 등을 소재로 우리 민족의 색깔이 강한 그림을 그렸어요. 오산 고등 보통학교에서 그림을 접한 이중섭은 일본에서 유학하고 일본 여성과 결혼도 했어요. 원산에 살다가 6·25 전쟁 때 남쪽으로 내려와 부산, 제주에 머물렀어요. 그러나 가난 때문에 부인과 두 아들을 일본으로 떠나보낼 수밖에 없었죠. 가족에 대한 그리움을 그림으로 표현하며 홀로 지내던 이중섭은 40세의 나이에 영양실조로 생을 마감했어요.

오늘의 한 문장 ㅇ ㅈ ㅅ 은 소, 어린이, 가족 등을 소재로 우리 민족의 색깔이 강하게 느껴지는 그림을 주로 그렸다.

1월 4일

> 고구려

• 오늘의 인물은? •

주 몽

주몽은 알에서 태어났고 활을 잘 쏘았다고 전해집니다. 부여의 왕인 금와왕 밑에서 금와왕의 큰아들 대소의 질투를 받으며 힘겹게 살고 있었죠. 결국 목숨이 위태로워진 주몽은 부여를 떠나 남쪽으로 내려왔어요. 그곳에서 힘 있는 집안의 딸인 소서노와 결혼하여 도움을 받으며 세력을 키워 갔어요. 힘을 키운 주몽은 졸본 지역에 고구려를 세웠어요.

오늘의 한 문장 부여에서 내려온 ㅈ ㅁ 은 졸본 지역에 고구려를 세웠다.

12월 24일

> 현대

• 오늘의 인물은 •

장 기 려

　'바보 의사'. **장기려**에게 붙은 별명이에요. 돈이 없어 고민하는 환자에게 병원 뒷문을 열어 주어 내보내기도 하고, 영양실조*에 걸린 환자에게는 처방전에 '닭 두 마리 값을 내어 주시오'라고 쓰기도 했다는 이야기를 보면 왜 바보 의사라 불렸는지 알 것 같아요. 평양에 살던 장기려는 6·25 전쟁 중에 국군 환자까지 돌보다가 중국군이 밀려들어 오자 국군을 따라 급히 남쪽으로 내려왔어요. 부산에 자리 잡은 장기려는 가난한 사람들을 치료하는 데 힘썼어요. 더 많은 사람들이 의료 혜택을 받을 수 있도록 대한민국 최초의 의료 보험 조합인 청십자 의료 보험 조합을 만들었어요.

* **영양실조** 몸에 필요한 영양소가 부족한 상태

 오늘의 한 문장   ㅈ ㄱ ㄹ 는 평생 가난한 사람들을 치료하는 데 힘썼다.

1월 5일

고구려

• 오늘의 인물은? •

유 리 왕

주몽이 떠날 때 부여에는 주몽의 아이를 가진 예씨 부인이 있었어요. 얼마 뒤 예씨 부인은 아들 유리를 낳았어요. 유리가 자라자, 예씨 부인은 "아버지가 일곱 모난 돌 위에 있는 소나무 밑에 물건을 넣어 두었다고 하셨다."라고 말해 주었어요. 유리는 숨겨진 칼 조각을 찾아 고구려로 갔고 아버지 주몽, 즉 동명성왕의 뒤를 이어 제2대 **유리왕**이 되었어요. 유리왕은 좁고 산이 험한 졸본을 떠나 국내성으로 도읍을 옮겼어요.

일곱 모난 돌은 우리 집 주춧돌이고, 소나무는 기둥이었군.

오늘의 한 문장 고구려 제2대 왕인 ㅇ ㄹ ㅇ 은 국내성으로 도읍을 옮겼다.

12월 23일

오늘은? 해양 재난 구조대의 날

▶ 현대

• 오늘의 인물은? •

우 장 춘

일본에서 과학자로 일하던 **우장춘**은 1950년에 아버지의 나라로 돌아왔어요. 우장춘이 국내에서 활동한 시기는 약 10년이지만 그가 이룬 성과는 놀라워요. 우장춘은 우리나라의 기후와 땅에 알맞고 품질 좋은 채소 씨앗을 만들어 보급해 '씨앗의 독립'을 이루었어요. 우리가 오늘날 배추나 무를 마음껏 먹을 수 있는 것도 우장춘의 덕분이죠. 제주도에 감귤 농사를 제안한 것도 우장춘이었어요. 우장춘은 뛰어난 논문을 발표해 세계적으로도 널리 인정받았어요.

오늘의 한 문장: ㅇ ㅈ ㅊ 은 품질 좋은 채소 씨앗을 만들어 보급하는 등 한국 농업 발전에 큰 공을 세웠다.

1월 6일

고구려

• 오늘의 인물은? •

호 동 왕 자

호동 왕자는 고구려 제3대 대무신왕의 아들이에요. 호동 왕자를 우연히 만난 낙랑 왕은 그의 됨됨이를 보고 자신의 딸 낙랑 공주와 결혼을 시켰어요. 호동 왕자는 자신을 사랑하는 낙랑 공주를 잘 달래어 낙랑의 보물, 적이 쳐들어오면 저절로 소리를 내는 북과 나팔을 없애게 했어요. 이 소식을 들은 고구려는 곧장 낙랑에 쳐들어갔고, 결국 낙랑은 힘을 잃고 말았어요.

오늘의 한 문장: ㅎ ㄷ ㅇ ㅈ 는 고구려가 낙랑을 공격하는 데 큰 힘을 보탰다.

12월 22일

> 현대

· 오늘의 인물은? ·

김대중은 박정희 정부에 맞서 민주화 운동을 이끌었어요. 외환 위기라는 어려운 상황 속에서 김영삼에 이어 대통령이 되었죠. 외환 위기를 해결하기 위해 정부, 국민, 기업이 힘을 모았어요. 그 결과 국제 통화 기금(IMF)에서 빌린 돈을 기한보다 일찍 갚고 외환 위기를 극복할 수 있었어요. 김대중 정부는 '햇볕 정책'이라 불리는 대북 화해 협력 정책을 펴 분단 이후 처음으로 평양에서 남북 정상 회담을 가졌어요. 김대중은 그 공을 인정받아 노벨 평화상을 받았어요.

오늘의 한 문장   ㄱ ㄷ ㅈ 정부 시기에 분단 이후 처음으로 남북 정상 회담이 열렸다.

1월 7일

> 고구려

• 오늘의 인물은? •

우리 역사에서 '태조'는 여러 번 등장해요. 고려를 세운 왕건도, 조선을 세운 이성계도 태조로 불려요. 보통 태조는 나라를 세운 첫 번째 왕에게 붙입니다. 그런데 고구려는 제6대 왕이 **태조왕**이에요. 비록 첫 임금은 아닐지라도 고구려라는 나라를 그만큼 튼튼히 한 왕이었다는 의미인 거죠. 태조왕은 옥저를 정복하여 땅을 넓혔고 고구려를 왕을 중심으로 운영되는 나라로 만들었어요.

* **정복** 다른 나라나 민족을 쳐서 따르게 만듦

오늘의 한 문장 고구려 ㅌ ㅈ ㅇ 은 옥저를 정복하여 땅을 넓혔다.

12월 21일 — 현대

• 오늘의 인물은? •

김 영 삼

독재에 맞서 민주화 운동에 앞장섰던 **김영삼**은 노태우 다음으로 대통령이 되었어요. 김영삼 정부는 금융 거래를 자신의 실제 이름으로 하도록 한 금융 실명제를 시행했어요. 이전에는 다른 사람 이름이나 가짜 이름으로 통장을 만들어 재산을 불법적으로 빼돌릴 수 있었는데, 금융 실명제가 시행되면서 불가능하게 되었죠. 김영삼 정부는 잘못된 역사를 바로 세우기 위해 옛 조선 총독부 건물을 없앴고, 지방 자치제*를 전면적으로 실시했어요. 하지만 정부 말기에 외환 위기*를 맞았어요.

* **지방 자치제** 지역 주민이 직접 뽑은 대표들을 통하여 그 지역의 일을 처리하는 제도
* **외환 위기** 다른 나라와 거래할 때 쓰는 외환, 주로 달러가 부족하여 겪는 큰 경제적 어려움

이제부터 다른 사람 이름으로 통장을 만들 수 없대.

오늘의 한 문장 ㄱ ㅇ ㅅ 정부는 금융 실명제를 시행하고 옛 조선 총독부 건물을 없앴다.

1월 8일

> 고구려

• 오늘의 인물은? •

고 국 천 왕

고국천왕은 왕의 권력을 안정시키기 위해 힘 있는 집안의 딸을 왕비로 맞이했는데, 이때 얻은 왕비가 우씨입니다. 이 무렵 중국 세력이 고구려로 쳐들어오자 고국천왕은 직접 전쟁터에 나가 이를 물리쳤으며, 나라 안에서 일어난 반란도 진압*했어요. 힘을 얻은 고국천왕은 이제 자신을 도와 나라를 잘 다스릴 사람을 찾아 나섰어요. 을파소라는 사람을 추천받았죠. 고국천왕은 그에게 높은 벼슬을 주고 나랏일을 맡겼어요.

* **진압** 힘으로 강제로 억눌러 진정시킴
* **국상** 고구려에서 나랏일을 맡아보던 최고 관리

을파소를 국상*으로 삼겠소.

오늘의 한 문장 고구려 ㄱ ㄱ ㅊ ㅇ 은 을파소에게 높은 벼슬을 주고 나랏일을 맡겼다.

12월 20일

► 현대

· 오늘의 인물은? ·

노 태 우

6월 민주 항쟁 이후 대통령 직선제로 헌법을 고치고 치른 선거에서 **노태우**가 대통령으로 뽑혔어요. 노태우 정부는 1988년에 제24회 서울 올림픽 대회를 성공적으로 치렀죠. 1990년대 들어와서 노태우 정부는 북방 외교를 펴며 소련, 중국과 공식적으로 외교 관계를 맺었어요. 북한과의 대화에도 나서 북한과 함께 국제 연합(UN)에 들어갔으며 남북 화해, 교류, 협력 등의 내용이 담긴 남북 기본 합의서를 채택했어요.

오늘의 한 문장 ㄴ ㅌ ㅇ 정부 시기에 제24회 서울 올림픽 대회가 열렸으며 남북 기본 합의서가 채택되었다.

1월 9일

고구려

• 오늘의 인물은? •

을 파 소

　을파소는 농사를 지으며 살고 있었어요. 고국천왕이 을파소에게 높은 벼슬을 주자 다른 신하들이 반대했어요. 고국천왕은 을파소를 따르지 않으면 벌을 주겠다며 을파소에게 힘을 실어 주었죠. 을파소는 고국천왕의 믿음에 보답하기 위해 열심히 일했어요. 가난한 백성을 위한 진대법도 그가 국상으로 있을 때 실시되었죠. 진대법은 가난한 백성에게 곡식을 빌려주고 곡식을 거둔 뒤에 갚게 하는 제도로, 우리 역사 최초의 복지 제도라고 할 수 있어요.

* **복지 제도** 사람들이 행복하고 안정된 생활을 누릴 수 있도록 돕는 제도

오늘의 한 문장　ㅇ ㅍ ㅅ 가 국상으로 있던 고구려 고국천왕 때 진대법이 실시되었다.

12월 19일

> 현대

・오늘의 인물은?・

김 수 환

대한민국 최초의 추기경* 김수환은 가난한 사람들을 위해 봉사했으며 민주화 운동에 앞장섰어요. 김수환 추기경이 있는 명동 성당은 민주화 운동의 중심지 역할을 했죠. 6월 민주 항쟁 때에도 김수환 추기경은 경찰에 쫓겨 성당으로 숨어들어 온 시위대를 지켜 주었어요. 경찰이 시위대를 잡아 가기 위해 명동 성당에 들어오려 하자 막아서며 이렇게 말했어요. "학생들을 잡아 가려면 나를 밟고, 그다음 신부와 수녀들을 밟고 지나가십시오." 결국 경찰은 성당에서 물러날 수밖에 없었어요.

* **추기경** 가톨릭 교회에서 교황 다음 가는 성직자

오늘의 한 문장: 대한민국 최초의 추기경 ㄱ ㅅ ㅎ 은 가난한 사람들을 위해 봉사했으며 민주화 운동에도 앞장섰다.

1월 10일

고구려

· 오늘의 인물은? ·

우 씨 왕 후

고국천왕은 아들이 없는 상태에서 갑자기 세상을 떠났어요. 왕비였던 우씨는 이를 숨기고 몰래 궁을 빠져나가 남편의 동생들을 찾아갔어요. 큰동생은 밤에 찾아와 다음 왕에 대해 이야기하는 **우씨 왕후**를 나무랐지만 작은동생은 우씨를 극진히 모셨지요. 작은동생과 함께 궁으로 돌아간 우씨 왕후는 고국천왕이 임금의 자리를 작은동생에게 물려주라는 말을 남겼다고 했고, 작은동생은 형의 뒤를 이어 산상왕이 되었어요. 산상왕은 은혜를 갚으려 우씨 왕후를 다시 왕비로 맞이했답니다.

오늘의 한 문장: ㅇㅆ ㅇㅎ 는 스스로 왕을 선택하여 두 번 왕비가 되었다.

12월 18일

현대

· 오늘의 인물은? ·

이 한 열

  국민의 요구에도 전두환 정부는 헌법을 대통령 직선제로 바꾸지 않겠다고 발표했어요. 이후 시위는 더욱 번져 나갔고 이 과정에서 연세 대학교 학생 이한열이 경찰이 쏜 최루탄에 맞아 쓰러졌어요. 분노한 시민들이 거리에 쏟아져 나왔고 전국 곳곳에서 큰 시위가 벌여졌어요(6월 민주 항쟁). 결국 여당* 대표이자 대통령 후보였던 노태우가 대통령 직선제를 포함한 국민의 요구를 받아들이겠다는 6·29 민주화 선언을 발표했어요. 이후 국민이 직접 투표하여 대통령을 뽑도록 헌법을 고쳤답니다.

* **여당** 정권을 잡고 있는 정당

오늘의 한 문장 | 연세대 학생 ㅇ ㅎ ㅇ 경찰이 쏜 최루탄에 맞아 쓰러지자 이에 분노한 시민들이 전국에서 큰 시위를 벌였다.

1월 11일

고구려

• 오늘의 인물은? •

미 천 왕

　고구려 제14대 봉상왕은 임금의 자리를 빼앗길까 봐 삼촌 달가와 동생 돌고를 죽였어요. 돌고의 아들 을불은 도망쳐 이곳저곳을 떠돌며 소금 장수, 머슴 등의 일을 하며 지냈어요. 그 덕에 봉상왕의 눈을 피할 수 있었죠. 봉상왕의 난폭함을 보다 못해 신하들이 을불을 찾아내 봉상왕을 내쫓고 임금의 자리에 올렸어요. 이 사람이 바로 **미천왕**입니다. 미천왕은 중국 세력이 설치한 낙랑군과 대방군을 몰아내어 땅을 넓혔어요.

고구려의 새 왕이 되어 주십시오.

오늘의 한 문장 　고구려 ㅁㅊㅇ 은 낙랑군과 대방군을 몰아내어 땅을 넓혔다.

12월 17일

▶ 현대

· 오늘의 인물은? ·

박 종 철

　전두환 정부는 신문과 방송을 억눌러 정부를 비판하지 못하게 했어요. 국민이 대통령을 직접 뽑게 해 달라는 요구도 무시했죠. 이러한 상황에서 국민을 분노하게 하는 사건이 터졌어요. 민주화 운동을 하던 서울 대학교 학생 **박종철**이 경찰에 끌려가 고문을 받다가 목숨을 잃었어요. 경찰은 '책상을 탁 하고 치자, 억 하고 죽었다'는 어이없는 변명을 했고, 시민들은 사건의 진실을 밝힐 것과 대통령 직선제를 요구하며 시위를 벌였어요. 전두환 정부는 이 요구를 받아들이지 않았어요.

오늘의 한 문장 민주화 운동을 하던 서울대 학생 ㅂ ㅈ ㅊ 이 경찰의 고문으로 목숨을 잃었다.

> 고구려

· 오늘의 인물은? ·

소수림왕

고구려를 대표하는 광개토 대왕도 **소수림왕**이 없었다면 존재하기 힘들었을 거예요. 그만큼 소수림왕은 고구려 역사에 큰 획을 그은 왕이에요. 소수림왕은 나라를 안정시키고 왕의 힘을 키웠어요. 불교를 받아들여 백성의 마음을 하나로 모으고, 태학이라는 학교를 세워 능력 있는 사람을 길러 냈어요. 나라를 다스리는 법과 원칙인 율령을 반포*한 것도 소수림왕의 중요한 업적이랍니다.

*반포 세상에 널리 퍼뜨려 모두 알게 하는 것

오늘의 한 문장 고구려 ㅅ ㅅ ㄹ ㅇ 은 태학을 세우고 율령을 반포했다.

12월 16일

▶ 현대

· 오늘의 인물은? ·

힌 츠 페 터

  1980년 5월, 광주에서 민주화를 요구하는 시위가 일어났어요. 이를 진압하러 온 계엄군*이 폭력적으로 시위를 진압하여 수많은 사람이 다치거나 목숨을 잃었어요. 계엄군은 광주를 막고 방송과 신문을 통제하여 다른 지역 사람들이 광주에서 일어난 일을 알지 못하게 했어요. 독일 기자 위르겐 **힌츠페터**는 어렵게 광주로 들어가 계엄군의 공격으로 사람들이 다치거나 죽는 모습 등을 찍었어요. 이 영상이 독일에서 방송되었고 이후 5·18 민주화 운동이 세계와 국내에 알려지게 되었어요.

*계엄군 계엄령을 수행하는 임무를 맡은 군대

광주의 모습이 너무 처참하구나.

오늘의 한 문장   ㅎ ㅊ ㅍ ㅌ 의 노력으로 5·18 민주화 운동이 세계와 국내에 알려졌다.

1월 13일

고구려

• 오늘의 인물은? •

광 개 토 대 왕

광개토(廣開土) 대왕은 이름이 업적을 말해 주고 있어요. 널리(廣) 땅(土)을 개척(開)한 왕이거든요. 북쪽으로 땅을 넓히고 신라의 요청을 받아들여 군대를 보내 신라에 침입한 왜를 물리쳤어요. 넓어진 땅만큼 자신감을 얻은 광개토 대왕은 고구려만의 연호인 '영락'을 사용했어요. 연호는 중국 황제가 자신이 다스리는 기간을 표현하는 말이에요. 고구려만의 연호를 썼다는 것은 고구려가 스스로를 강한 나라로 생각했다는 것을 뜻하죠.

*개척 새로운 땅이나 운명, 길 등을 처음으로 열어 나가는 것

오늘의 한 문장 고구려 ㄱ ㅏ ㅌ ㄷ ㅇ 은 군대를 보내 신라에 침입한 왜를 물리쳤다.

12월 15일

> 현대

• 오늘의 인물은? •

전 두 환

　박정희가 세상을 떠난 뒤 사람들은 민주주의를 꿈꾸며 들떴어요. 하지만 1979년 12월 12일, 또다시 **전두환**을 중심으로 한 군인들이 정변을 일으켜 권력을 차지했어요. 이를 12·12 사태 혹은 12·12 군사 반란이라고 해요. 이에 시민들은 전두환 등이 물러날 것과 민주화를 요구하며 전국에서 시위를 벌였어요. 전두환은 계엄령*을 전국으로 넓히며 시위를 탄압했죠. 전두환은 5·18 민주화 운동을 강제로 진압한 뒤 간접 선거로 대통령에 뽑혔어요.

＊ **계엄령** 국가 비상사태가 일어났을 때 질서 유지를 위해 군인을 동원하는 일

오늘의 한 문장 ㅈ ㄷ ㅎ 을 중심으로 한 군인들이 12·12 사태를 일으켜 권력을 차지했다.

1월 14일

고구려

• 오늘의 인물은? •

장 수 왕

장수왕은 광개토 대왕의 아들로, 아버지와 함께 고구려의 전성기*를 열었어요. 광개토 대왕은 백제를 공격하여 한강 북쪽 지역을 차지했어요. 뒤를 이은 장수왕은 도읍을 국내성에서 평양으로 옮기고 남쪽으로 세력을 넓히기 위한 정책을 폈어요. 결국 장수왕은 백제에 쳐들어가서 도읍인 한성을 무너뜨리고 한강 유역을 모두 차지했어요.

* **전성기** 힘이 가장 강한 시기

오늘의 한 문장 고구려 ㅈ ㅅ ㅇ 은 도읍을 평양으로 옮겼다.

12월 14일

현대

• 오늘의 인물은? •

전 태 일

"우리는 기계가 아니다!" **전태일**이 외친 말이에요. 전태일은 집안 사정이 어려워지자 초등학교를 그만두고 일을 시작했어요. 17살부터는 평화 시장에 있는 의류 공장에서 일했죠. 당시 대한민국은 빠르게 경제 성장을 이루고 있었지만 많은 노동자가 몹시 나쁜 환경 속에서 오랜 시간 힘들게 일하고 있었어요. 전태일은 이러한 환경을 바꾸기 위해 노동 운동을 벌였어요. 노동자들의 기본적인 권리를 정한 근로 기준법을 지켜 달라고 요구했지만 상황은 나아지지 않았어요. 전태일은 노동 운동에 사람들의 관심을 끌어모으기 위해 "우리는 기계가 아니다. 근로 기준법을 지켜라"라고 외치며 스스로 자신의 몸에 불을 질러 생을 마감했어요.

근로 기준법을 지켜라!

오늘의 한 문장 ㅈ ㅌ ㅇ 은 근로 기준법을 지킬 것을 요구하며 자신의 몸에 불을 질렀다.

1월 15일

고구려

• 오늘의 인물은? •

이 문 진

소수림왕이 태학을 세웠다는 내용을 기억하나요? 태학은 나라에서 세운 교육 기관으로 주로 귀족의 자식들이 들어가 공부했던 곳이에요. 당연히 선생님도 계셨는데 이들을 태학박사라고 불렀어요. <mark>이문진</mark>도 태학박사였어요. 학문이 뛰어난 이문진은 영양왕의 명령을 받아 역사책을 만들었어요. 당시 고구려에는 『유기』라는 역사책 100권이 있었는데, 이문진은 이를 간추려 『신집』 5권을 만들었죠. 그러나 『유기』와 『신집』은 모두 없어져 오늘날 전하지 않아요.

오늘의 한 문장: 태학박사 ㅇ ㅁ ㅈ 은 고구려의 역사책인 『신집』 5권을 만들었다.

12월 13일

> 현대

· **오늘**의 인물은? ·

장 준 하

박정희 정부가 유신 헌법을 통해 국민을 억누르자, 유신 헌법을 고치자는 운동이 일어났어요. 이를 이끈 사람이 **장준하**입니다. 장준하는 일제에 의해 강제로 군대에 끌려갔다가 도망쳐 한국광복군에 들어가 국내 진공 작전을 준비하며 훈련을 받았어요. 광복 이후에는 『사상계』라는 잡지를 만들어 사회에 큰 영향을 끼쳤죠. 장준하는 박정희 정부 아래에서 민주화를 위해 노력했으며 유신 헌법을 고칠 것을 요구하는 100만 인 서명 운동*을 이끌었어요.

*서명 운동 어떤 주장이나 의견에 대해 찬성의 뜻으로 서명을 받는 운동

유신 헌법을 고칠 것을 요구하는 100만 인 서명 운동을 전개하는 바이다.

오늘의 한 문장: 한국광복군 출신 ㅈ ㅈ ㅎ 는 유신 헌법을 고칠 것을 요구하는 100만 인 서명 운동을 이끌었다.

1월 16일

> 고구려

· 오늘의 인물은? ·

온 달

　어린 평강 공주가 울 때마다 평원왕은 "그렇게 울면 바보 **온달**과 결혼시킨다!"라고 말했어요. 어른이 된 평강 공주는 귀족과 결혼시키려는 아버지에게 말씀대로 온달과 결혼하겠다고 말했고, 화가 난 평원왕은 딸을 내쫓았어요. 가난하고 배운 것 없는 온달과 결혼한 평강 공주는 열심히 남편에게 공부와 무술 연습을 시켰어요. 결국 온달은 고구려에 없어서는 안 될 장군이 되어 여러 싸움에서 큰 공을 세웠어요. 그러나 아단성을 되찾기 위해 신라 군대와 싸우다 목숨을 잃었어요.

오늘의 한 문장 ｜ 평강 공주의 남편 ㅇ ㄷ 은 신라와의 아단성 전투에서 목숨을 잃었다.

12월 12일

▶ 현대

• 오늘의 인물은? •

박 정 희

 권력을 잡은 **박정희**는 대통령이 되어 경제 개발 5개년 계획을 추진하는 등 경제 성장을 위해 노력했어요. 하지만 두 번 대통령에 뽑힌 박정희는 세 번까지 대통령을 할 수 있도록 헌법을 바꾸어 다시 대통령이 되었죠. 1972년에는 또다시 헌법을 고쳐 대통령을 할 수 있는 횟수를 제한하지 않았으며, 대통령 직선제*를 간선제*로 바꾸었어요. 국민의 기본권을 제한할 수 있는 규정도 두고 대통령에게 막강한 권한을 주었죠. 이를 유신 헌법이라고 해요.

* **직선제** 국민이 직접 대표를 뽑는 선거 제도
* **간선제** 국민이 뽑은 선거인단이 대표를 뽑는 선거 제도
* **공포** 일반 대중에게 널리 알림

오늘의 한 문장 ㅂ ㅈ ㅎ 는 헌법을 고쳐 계속 대통령을 하며 독재 정치를 했다.

1월 17일

> 고구려

• 오늘의 인물은? •

을 지 문 덕

을지문덕 장군이 쫓기고 있어요! 을지문덕은 중국 수의 군대를 피해 도망치는 중이에요. 하지만 이는 거짓이었죠. 이렇게 7번이나 싸울 때마다 지는 척하며 수의 군대를 안심시킨 을지문덕은 살수라는 강까지 적을 끌어들였어요. 수의 군사들이 반쯤 강을 건넜을 때 을지문덕은 공격 명령을 내렸어요. 갑작스러운 공격에 물속에서 허우적대던 수의 군사는 대부분 목숨을 잃었어요. 큰 승리를 거둔 이 전투를 살수 대첩이라고 합니다.

*대첩 크게 이김 혹은 큰 승리

오늘의 한 문장 ㅇ ㅈ ㅁ ㄷ 이 이끈 고구려군은 살수에서 수의 군대를 크게 물리쳤다.

12월 11일

현대

• 오늘의 인물은? •

장 면

  4·19 혁명으로 이승만이 대통령 자리에서 물러난 뒤 다시 선거가 치러져 국무총리 장면을 중심으로 한 새로운 정부가 세워졌어요. 장면 정부는 국민의 자유를 최대한 보장하려고 노력했으나 사람들의 기대를 만족시키지 못했고 사회 혼란은 계속되었어요. 이러한 상황에서 장면 정부가 들어선 지 1년도 되지 않아 박정희를 중심으로 한 일부 군인들이 정변을 일으켜 정권을 잡았어요. 이를 5·16 군사 정변이라고 해요.

장면 정부로부터 모든 권한을 넘겨받았습니다.

오늘의 한 문장   4·19 혁명 뒤에 들어선 ㅈ ㅁ 정부는 5·16 군사 정변으로 무너졌다.

1월 18일

고구려

・오늘의 인물은?・

연 개 소 문

연개소문은 고구려가 중국 당의 침입에 대비하기 위해 국경 지역에 천리장성을 쌓을 때 공사 책임자였어요. 연개소문의 세력이 커지자 이를 두려워한 영류왕과 신하들이 그를 없애려고 했어요. 이를 눈치챈 연개소문이 먼저 왕과 신하들을 없애고 권력을 잡았어요. 연개소문은 보장왕을 새 왕으로 세우고 스스로 대막리지가 되어 고구려를 이끌며 당의 침입을 막아 냈어요.

* **대막리지** 고구려의 최고 관직

오늘의 한 문장 ㅇ ㄱ ㅅ ㅁ 은 대막리지에 오르기 전에 천리장성 공사를 감독했다.

12월 10일

▶ 현대

· 오늘의 인물은? ·

김 주 열

 이승만 대통령은 헌법을 고쳐 가며 3번 대통령이 되었어요. 거기다 권력을 계속 차지하고자 1960년 3월 15일 정부통령 선거를 옳지 못한 방법으로 치렀어요(3·15 부정 선거). 이에 맞서 마산, 광주 등에서 시위가 일어났어요. 특히 마산에서 시위에 나갔다가 사라진 김주열 학생이 죽은 채 발견되면서 시위는 전국으로 퍼져 나갔어요. 4월 19일에는 서울 등 큰 도시에서 많은 학생과 시민들이 거리로 나섰죠. 시위가 거세지자 결국 이승만이 대통령 자리에서 물러났어요. 이를 4·19 혁명이라고 합니다.

* **정부통령 선거** 대통령과 부통령을 함께 뽑는 선거

오늘의 한 문장 3·15 부정 선거 반대 시위에 나갔다가 사라진 ㄱ ㅈ ㅇ 학생이 죽은 채 발견되면서 시위가 전국으로 퍼져 나갔다.

1월 19일

> 고구려

· 오늘의 인물은? ·

보 장 왕

 연개소문이 영류왕을 없애고 **보장왕**을 세우자 기회를 엿보던 당이 고구려를 침략해 왔어요. 안시성 성주*와 백성은 한마음으로 당의 군대에 맞서 싸워 막아 냈어요. 당의 군사들이 안시성보다 높이 흙을 쌓아 안시성을 공격하려 했지만 이것마저 고구려의 군사들이 차지해 버렸죠. 결국 겨울이 닥치자 당의 군대는 물러났어요. 그러나 20여 년 뒤에 고구려는 신라와 당의 공격으로 멸망했어요.

*성주 성의 우두머리이자 성을 지키는 으뜸 장수

오늘의 한 문장 고구려는 ㅂ ㅈ ㅇ 때 안시성에서 당의 공격을 물리쳤다.

12월 9일 오늘은? 국가유산의 날

> 현대

· 오늘의 인물은? ·

울릉도에서 태어난 **홍순칠**은 어렸을 때부터 독도가 울릉도에 속한 섬이라고 배우고 자랐어요. 광복 이후 혼란한 틈을 타 일본이 독도를 침범해 왔어요. 6·25 전쟁 중 부상을 입고 울릉도로 돌아온 홍순칠은 1953년에 청년들과 함께 독도 의용 수비대를 만들어 독도를 지키기로 하고 돈을 모아 무기를 샀어요. 이들은 독도 부근을 침범한 일본 배와 전투를 벌이기도 했죠. 이러한 홍순칠과 독도 의용 수비대의 활동은 오늘날 우리가 독도를 지켜 내는 데 큰 역할을 했어요.

오늘의 한 문장 ㅎ ㅅ ㅊ 은 청년들과 함께 독도 의용 수비대를 만들어 독도를 지켰다.

1월 20일

고구려

•오늘의 인물은?•

한반도 북쪽에서 다른 민족의 침입을 막아 내며 우리 민족을 지켜 주었던 고구려는 신라와 당의 연합군에 결국 무너지고 말았어요. 연개소문이 죽은 뒤 서로 나뉘어 싸웠던 게 큰 이유였어요. 고구려가 멸망하고 보장왕이 당에 끌려갔지만, 고구려를 다시 일으켜 세우겠다며 고구려 부흥 운동이 일어났어요. 대표적 인물이 보장왕의 자손인 **안승**이에요. 검모잠 등이 안승을 왕으로 세우고 고구려를 되살리려 했지만 이들 또한 서로 나뉘어 싸우면서 고구려 부흥 운동은 실패했어요.

오늘의 한 문장   ㅇ ㅅ 은 검모잠 등과 함께 고구려 부흥 운동에 앞장섰다.

12월 8일

> 현대

• 오늘의 인물은? •

김 영 환

"각 비행기는 일체 공격을 중지하라!" 김영환이 내린 명령이에요. 6·25 전쟁 중에 합천 해인사 주변에 숨어 있는 북한군에 폭탄을 떨어뜨리라는 명령을 받은 김영환은 이를 따를 수 없었어요. 합천 해인사에는 팔만대장경판을 비롯해 귀중한 문화유산이 있었기 때문이죠. 결국 명령을 따르지 않으면 무거운 처벌을 받을 수 있는 상황에서 김영환은 작전을 포기하고 돌아왔어요. 김영환 덕분에 해인사와 팔만대장경판이 오늘날까지 보존될 수 있었답니다.

우리의 보물 팔만대장경판을 잿더미로 만들 순 없어.

오늘의 한 문장   ㄱ ㅇ ㅎ 은 6·25 전쟁 중에 합천 해인사와 팔만대장경을 지켜 냈다.

1월 21일

고구려

• 오늘의 인물은? •

왕 산 악

　고구려 사람들은 중국 진에서 보내온 악기를 어떻게 연주할지 몰라 고민에 빠졌어요. 지금이야 동영상을 보면 되지만 당시에는 불가능했으니까요. 이때 **왕산악**이 이 악기를 몇 군데 고쳐 새로운 악기를 만들고 연주했어요. 그 연주가 너무 아름다워 검은 학이 날아와 춤을 추었다고 해요. 이 악기가 바로 거문고랍니다.

오늘의 한 문장　ㅇㅅㅇ 은 지금의 거문고를 만들었으며 거문고 연주에 능했다.

12월 7일

현대

•오늘의 인물은?•

김 영 옥

　한국과 미국, 유럽에서 훈장을 받은 군인 김영옥을 아시나요? 한국계 미국인* 김영옥은 제2차 세계 대전 중에 이탈리아와 프랑스에서 벌어진 전투에 참여해 공을 세웠어요. 6·25 전쟁이 일어나자 부모님의 나라를 구하겠다며 달려와 수많은 전투에 참여했죠. 김영옥은 전쟁 중에 500여 명의 고아도 지원했어요. 미군 부하들을 설득하여 부대에 들어오는 담배와 맥주를 아이들에게 필요한 물품으로 바꿔서 도왔죠. 미국으로 돌아간 뒤에도 김영옥은 사회봉사에 힘쓰며 한국인을 돕는 데 앞장섰어요.

* 한국계 미국인 한국 혈통을 가진 미국 사람

오늘의 한 문장 한국계 미국인 ㄱ ㅇ ㅇ 은 부모의 나라를 구하겠다며 6·25 전쟁에 참여했다.

1월 22일

▶ 고구려

• 오늘의 인물은? •

고 선 지

고구려가 멸망한 뒤에 수많은 고구려 사람이 당으로 끌려갔어요. 고선지의 아버지도 그렇게 끌려간 사람 중 하나였어요. 용맹한 고구려의 후손답게 고선지는 당에서 훌륭한 장수로 이름을 떨쳤어요. 중국 서쪽에 있는 크고 작은 나라들을 공격하여 당의 땅으로 만들었어요. 그러나 이슬람* 군대와의 탈라스 전투에서는 패하고 말았죠. 이때 잡힌 기술자에 의해 당의 종이 만드는 기술이 이슬람에 전해졌고, 이후 서양으로 퍼졌다고 합니다.

우리는 서역으로 간다!

* **이슬람** 이슬람교를 나라의 종교로 삼아 모든 사람들이 믿도록 하는 나라
* **서역** 중국 서쪽에 있는 여러 나라들

오늘의 한 문장 고구려 후손인 ㄱ ㅅ ㅈ 는 당에서 이름을 떨친 훌륭한 군인이 되었다.

12월 6일

현대

• 오늘의 인물은? •

맥 아 더

  6·25 전쟁이 터지자 국제 연합(UN)은 남한을 돕기로 하고 국제 연합군을 보내기로 결정했어요. 국군과 국제 연합군은 북한군에 낙동강 유역까지 밀렸어요. 국제 연합군 최고 사령관 더글러스 **맥아더**는 상황을 바꾸기 위해 인천 상륙 작전을 지휘했어요. 북한군의 뒤쪽을 공격하여 혼란을 주고자 했죠. 인천 상륙 작전은 성공했고, 이를 계기로 국군과 국제 연합군은 서울을 되찾고 북쪽으로 나아가 압록강 유역까지 다다를 수 있었어요. 하지만 중국군이 북한을 지원하면서 국군과 국제 연합군은 남쪽으로 물러났고, 이후 긴 협상 끝에 정전 협정이 맺어졌어요.

오늘의 한 문장   더글러스 ▢ ○ ㄷ 는 6·25 전쟁 당시 인천 상륙 작전을 지휘했다.

1월 23일

백제

· 오늘의 인물은? ·

온 조

주몽과 결혼한 소서노에게는 비류와 **온조**라는 아들이 있었어요. 주몽이 고구려를 세운 뒤 어느 날, 비류와 온조 앞에 주몽의 아들 유리가 나타났어요. 결국 임금의 자리를 이을 왕자는 유리가 되었죠. 그러자 소서노는 아들들을 데리고 남쪽으로 내려왔어요. 이 중 온조는 한강 유역에 나라를 세우고 그 이름을 백제라고 했어요.

오늘의 한 문장 고구려에서 내려온 ㅇ ㅈ 는 한강 유역에 백제를 세웠다.

12월 5일

오늘은?
무역의 날 / 자원봉사자의 날

> 현대

• 오늘의 인물은? •

김 두 만

　남과 북에 서로 다른 정부가 세워진 뒤 갈등이 커졌어요. 그러던 중 1950년 6월 25일, 북한이 남한을 침략했어요. 북한군에 밀려 3일 만에 서울을 빼앗기고 위기를 맞았지만, 나라를 지키기 위해 많은 사람이 나섰어요. 김두만도 그중 한 명이에요. 김두만은 6·25 전쟁 때 대한민국 공군 최초로 100회 출격한 조종사입니다. 대동강 승호리 철교를 폭파하는 등 많은 공을 세웠죠. 승호리 철교는 북한군에 중요한 곳으로 미군이 번번이 공격에 실패했는데, 김두만은 김신과 함께 작전을 성공시켰어요.

*출격 자기 기지에서 적을 공격하러 나감

성공이다!

오늘의 한 문장　ㄱ　ㄷ　ㅁ　은 6·25 전쟁 때 대한민국 공군 최초로 100회 출격을 이루었다.

1월 24일

> 백제

• 오늘의 인물은? •

소 서 노

주몽이 부여에서 왔을 때 주몽의 됨됨이를 본 소서노의 아버지는 딸을 주몽과 결혼시켰어요. 소서노와 결혼하면서 주몽은 소서노가 속한 세력의 힘을 빌릴 수 있었어요. 소서노는 주몽이 고구려를 건국*하는 데 도움을 주었어요. 소서노는 주몽의 아들인 유리가 고구려로 오자 큰 결심을 했어요. 비류, 온조 두 아들과 함께 자신을 따르는 무리를 이끌고 고구려를 떠나 남쪽으로 내려왔고, 온조가 백제를 세우는 데 큰 역할을 했답니다.

*건국 나라를 세움

오늘의 한 문장 ㅅㅅㄴ 는 고구려와 백제 건국에 이바지했다.

12월 4일

▶ 현대

• 오늘의 인물은? •

이 승 만

　대한민국 임시 정부의 첫 번째 대통령에 뽑혔던 **이승만**은 미국에서 한국 독립을 위해 외교 활동을 펼치다 광복을 맞아 돌아왔어요. 광복 이후 미국과 소련이 한반도에 임시 정부를 세우기 위해 논의했으나 합의를 이루지 못하자, 이승만은 통일 정부를 세우기 어렵다면 남한만이라도 정부를 세워야 한다고 주장했어요. 국제 연합(UN)의 결정에 따라 1948년 5월 10일 남한만의 총선거가 실시되어 제헌 국회가 만들어졌어요. 이 국회에서 만든 헌법에 따라 선거가 치러져 이승만이 대한민국 제1대 대통령으로 뽑혔어요.

오늘의 한 문장　ㅇ ㅅ ㅁ 은 대한민국의 제1대 대통령으로 뽑혔다.

1월 25일

▶ 백제

• 오늘의 인물은? •

고 이 왕

고이왕은 백제를 강한 나라로 만들기 위해서는 왕의 힘을 키우고 왕을 중심으로 나라의 제도와 조직을 정비해야 한다고 생각했어요. 우선 고이왕은 관리의 높낮이, 즉 등급을 정해 주는 관등제의 기본 뼈대를 만들고, 관리들이 나랏일을 할 때 입는 관복의 색깔도 등급에 따라 달리 정했으며, 법도 만들었어요. 밖으로는 주변의 여러 작은 나라를 공격하여 땅을 넓혔죠. 그 덕에 백제는 빠르게 발전할 수 있었어요.

6등급 이상   7~11등급   12~16등급

오늘의 한 문장 ㄱ ㅇ ㅇ 은 땅을 넓히고 관등제를 만드는 등 백제의 기틀을 다졌다.

12월 3일

오늘은? 소비자의 날

▶ 현대

· 오늘의 인물은? ·

김구는 광복을 맞이할 때까지 대한민국 임시 정부를 지켰어요. 일제의 탄압으로 활동이 어려워지자 한인 애국단을 만들어 이봉창과 윤봉길의 의거를 이끌었고, 충칭에 뿌리내린 뒤에는 한국광복군을 만들어 일제와의 전쟁에 나섰어요. 대한민국 임시 정부를 이끌던 김구는 광복을 맞아 국내로 돌아왔어요. 남과 북에 각각 정부가 세워질 상황에 처하자, 김구는 통일 정부를 세우기 위해 김규식과 남북 협상에 참여했으나 성과를 거두지 못했어요. 그 뒤 김구는 서울 경교장에서 한 청년이 쏜 총에 맞아 숨을 거두었어요.

완전히 독립 자주하는 통일된 조국을 건설합시다.

오늘의 한 문장 대한민국 임시 정부를 이끈 ㄱㄱ 는 광복 이후 통일 정부를 세우기 위해 남북 협상에 참여했다.

1월 26일

▶ 백제

• 오늘의 인물은? •

근 초 고 왕

 백제의 전성기를 연 왕이 **근초고왕**이에요. 근초고왕은 고구려의 침입을 막아 냈을 뿐만 아니라 그 기세를 몰아 고구려의 평양성을 공격하여 북쪽으로 땅을 넓혔어요. 이때 고구려의 고국원왕이 목숨을 잃었어요. 남쪽으로는 마한의 남은 세력을 정복하여 지금의 전라도와 낙동강 부근까지 세력을 뻗쳤죠. 또 근초고왕은 바다 건너 중국, 왜 등 주변 나라와 활발하게 **교류**했어요. 백제가 왜에 보낸 칠지도를 통해 당시 백제가 왜와 교류했다는 사실을 짐작할 수 있어요.

* **기세** 기운차게 뻗치는 모양이나 상태

오늘의 한 문장 백제 ㄱ ㅊ ㄱ ㅇ 은 고구려의 평양성을 공격해 북쪽으로 땅을 넓혔다.

12월 2일

> 현대

• 오늘의 인물은? •

김 규 식

　미국 유학을 떠났다가 돌아온 **김규식**은 학생들을 가르치며 민족 교육과 계몽 운동에 힘썼어요. 그러다 나라를 빼앗은 일제가 탄압하자 중국 상하이로 떠나 독립운동에 온 힘을 다했어요. 영어와 프랑스어에 능숙했던 김규식은 신한청년당 대표로 파리 강화 회의에 가서 한국 독립을 위한 외교 활동을 벌였어요. 대한민국 임시 정부의 외무 총장과 부주석을 지냈죠. 광복 후에는 남과 북으로 갈린 나라를 하나로 묶기 위해 여운형과 함께 좌우 합작 운동에 앞장섰고, 김구와 함께 남북 협상에 나섰어요.

오늘의 한 문장 ｜ ㄱ ㄱ ㅅ 은 광복 이후 좌우 합작 운동과 남북 협상에 앞장섰다.

1월 27일

🏳️ 백제

• 오늘의 인물은? •

고 흥

근초고왕에 관한 기록 중 이런 내용이 있어요.

"백제가 세워진 후로 아직 이 나라에 대해 글자로 기록한 것이 없었으나 박사 고흥이 비로소 기록하게 되었다."

어때요? 드디어 백제에 관한 역사책이 등장한 걸 짐작할 수 있죠? 이때 고흥이 쓴 역사책이 『서기』예요. 안타깝게도 이 책은 오늘날 전하지 않아요.

오늘의 한 문장 근초고왕 때 박사 ㄱ ㅎ 은 백제의 역사책인 『서기』를 썼다.

12월 1일

현대

· 오늘의 인물은? ·

여 운 형

여운형은 일제의 탄압 속에서도 중국과 국내를 오가며 활동한 독립운동가예요. 중국 상하이에서 신한청년당을 만들어 파리 강화 회의에 김규식을 대표로 파견했고, 대한민국 임시 정부가 세워지는 데에도 힘을 보탰죠. 광복 바로 전인 1944년에 여운형은 일제가 물러간 뒤를 대비하여 조선 건국 동맹이라는 단체를 만들었어요. 1945년 8월 15일, 마침내 광복을 맞이하자 여운형은 안재홍 등과 함께 조선 건국 동맹을 바탕으로 조선 건국 준비 위원회(건준)를 만들어 사회를 안정시키고 질서를 유지하고자 노력했어요.

오늘의 한 문장 ㅇ ㅇ ㅎ 은 안재홍 등과 함께 조선 건국 준비 위원회를 만들었다.

1월 28일

🚩 백제

· 오늘의 인물은? ·

침 류 왕

백제는 근초고왕 때부터 중국의 동진과 친하게 지내며 교류했어요. **침류왕** 때 동진에 머물고 있던 인도 승려 마라난타가 백제로 건너왔어요. 침류왕은 그를 궁궐로 모셔 극진히 대접했어요. 이를 계기로 백제에도 불교가 들어와 널리 퍼지게 되었답니다. 침류왕은 마라난타를 맞이한 후 한산에 절을 세우고 10명의 승려를 두었다고 해요.

어서 오십시오. 스님

오늘의 한 문장 백제는 ㅊ ㄹ ㅇ 때 중국의 동진으로부터 불교를 받아들였다.

현대

1월 29일

백제

· 오늘의 인물은? ·

개 로 왕

"개로왕이 바둑을 좋아한다고?" 고구려 장수왕은 이를 이용하기로 마음먹고, 바둑을 잘 두는 승려 도림을 백제에 보냈어요. 도림의 바둑 실력은 곧 개로왕의 귀에 들어갔고, 개로왕은 도림을 불러들여 매일 바둑만 두었죠. 도림은 개로왕을 꼬드겨 궁을 새로 짓게 하는 등 나라의 힘을 헛되이 쓰게 했어요. 이로 인해 나라가 혼란해지자 때를 기다리던 장수왕은 백제로 쳐들어갔어요. 결국 개로왕은 목숨을 잃었고, 백제는 도읍 한성을 고구려에 빼앗겼어요. 백제는 도읍을 웅진으로 옮겼어요.

오늘의 한 문장 백제는 ㄱ ㄹ ㅇ 때 고구려에 도읍 한성을 빼앗겼다.

11월 30일

일제 강점기

· 오늘의 인물은? ·

| 윤 | 동 | 주 |

"죽는 날까지 하늘을 우러러 한 점 부끄럼이 없기를, 잎새에 이는 바람에도 나는 괴로워했다" 윤동주가 쓴 시 「서시」의 일부입니다. 일제의 식민 통치에 대한 저항 의식을 담은 문학 작품을 발표하는 작가들이 있었는데, 윤동주도 그중 한 명이에요. 윤동주는 만주에서 태어나 문학을 좋아하는 소년으로 자라 「서시」, 「별 헤는 밤」, 「쉽게 씌어진 시」 등을 지었어요. 일본으로 유학을 떠난 윤동주는 독립운동을 했다는 이유로 끌려간 뒤 감옥에서 젊은 나이에 목숨을 잃었어요. 광복 후 친구가 윤동주의 시를 모아 시집 『하늘과 바람과 별과 시』를 펴냈어요.

오늘의 한 문장: ㅇ ㄷ ㅈ 는 「서시」가 포함된 시집 『하늘과 바람과 별과 시』를 남겼다.

1월 30일

백제

· 오늘의 인물은? ·

무 령 왕

　무령왕은 혼란에 빠진 백제를 안정시키기 위해 노력했어요. 지방의 22담로*에 왕족을 보내 왕의 명령이 잘 전달될 수 있게 하는 한편 지방 귀족의 힘을 통제하고자 했어요. 중국 등 주변 나라와의 관계에도 힘을 기울였죠. 사실 무령왕이 우리에게 잘 알려진 이유는 무덤 때문이에요. 무령왕릉은 무령왕과 왕비의 무덤으로, 중국의 영향을 받아 벽돌을 쌓아 만든 벽돌무덤이에요. 그 안에서 발견된 다양한 문화유산을 통해 당시에 백제가 중국, 일본과 활발하게 교류했음을 알 수 있어요.

* 담로 백제에서 지방에 둔 행정 구역

오늘의 한 문장 　백제 ㅁ ㄹ ㅇ 은 지방의 22담로에 왕족을 보냈다.

11월 29일

일제 강점기

• 오늘의 인물은 •

손 기 정

 올림픽 마라톤에서 금메달을 따고도 고개를 푹 숙인 **손기정**. 한국인이지만 가슴에 일본 국기인 일장기를 붙이고 있었기 때문이에요. 가난했던 손기정은 집에서 학교까지 매일 달렸어요. 그렇게 달리기에 흥미를 느낀 손기정은 올림픽 대표를 뽑는 시합에서 1위를 했어요. 1936년 베를린 올림픽 대회에서 손기정은 세계 신기록으로 1등을 했어요. 3위도 한국인 남승룡 선수였죠. 손기정은 시상식에서 월계수로 일장기를 최대한 가렸어요. 『조선중앙일보』와 『동아일보』는 손기정의 우승을 보도하면서 손기정 가슴의 일장기를 지워 일제의 탄압을 받았어요.

오늘의 한 문장 ㅅ ㄱ ㅈ 은 1936년 베를린 올림픽 대회 마라톤에서 1등을 했다.

🚩 백제

• 오늘의 인물은? •

무령왕의 아들인 **성왕**은 아버지의 뜻을 이어 강한 백제를 만드는 데 평생을 바쳤어요. 웅진을 떠나 넓은 들이 펼쳐진 사비로 도읍을 옮겼고, 나라 이름을 '남부여'로 바꾸었어요. 그런 뒤 신라 진흥왕과 힘을 합쳐 고구려를 공격해 잃어버린 한성 지역을 되찾았어요. 하지만 기쁨도 잠시, 신라가 백제와의 약속을 깨고 이 지역을 공격하여 한강 유역을 모두 차지했어요. 이에 맞서 성왕은 신라를 공격하였으나 관산성 전투에서 죽음을 맞이했어요.

*유역 강물이 흐르는 언저리

오늘의 한 문장 백제 ㅅ ㅇ 은 사비로 도읍을 옮기고 나라 이름을 '남부여'로 바꾸었다.

11월 28일

일제 강점기

· 오늘의 인물은? ·

최 승 희

  일제 강점기에 춤으로 세계를 매혹시킨 사람이 있어요. **최승희**입니다. 최승희는 일본에서 무용을 배운 지 3년 만에 주연*급 무용수가 되고 후배를 가르칠 만큼 실력이 뛰어났어요. 1930년부터 본격적인 무용 공연을 시작한 그녀는 부채춤, 칼춤, 승무* 등 우리의 전통 춤과 현대 무용을 적절히 섞은 춤으로 좋은 평가를 받았어요. 미국, 유럽 등 세계 여러 나라에서 공연을 했으며 뉴욕 공연에서는 세계 10대 무용가의 한 사람이라는 평가를 받았어요. 하지만 일제에 협력한 점이 아쉬움으로 남아요.

* **주연** 주인공 역을 맡은 사람
* **승무** 하얀 승복을 입고 고깔을 쓴 채 추는 불교 색채가 강한 민속춤

오늘의 한 문장 무용가 ㅊ ㅅ ㅎ 는 전통 춤을 현대 무용에 잘 녹여 내어 좋은 평가를 받았다.

백제2, 신라, 가야

11월 27일 — 일제 강점기

· 오늘의 인물은? ·

박 차 정

  학생 때부터 독립운동에 뛰어든 **박차정**은 신간회의 자매단체인 근우회에서 활동하며 여성 운동을 이끌었고, 광주 학생 항일 운동을 지원하여 서울에서 만세 운동을 벌였어요. 그 뒤 중국으로 건너간 박차정은 의열단에 들어갔어요. 의열단을 이끈 김원봉과 결혼하여 독립운동을 함께했죠. 박차정은 독립군 간부를 키우는 학교에서 여자부 교관을 맡아 훈련을 담당했으며, 남경 조선 부녀회를 만들어 여성 독립운동가를 길러 내기 위해 노력했어요. 조선 의용대의 부녀 복무 단장을 맡기도 했죠. 박차정은 일본군과의 전투에서 입은 부상으로 인해 광복을 보지 못하고 눈을 감았어요.

 오늘의 한 문장 ㅂㅊㅈ 은 근우회, 의열단, 조선 의용대 등에서 독립을 위해 노력했다.

2월 1일

🚩 백제

• 오늘의 인물은? •

무 왕

"선화 공주님은 밤마다 서동 서방님을 만나러 간대요~" 진평왕이 다스리던 때 신라 어린이들이 이런 노래를 불렀어요. 이 노래의 '서동 서방님'이 바로 백제 **무왕**이랍니다. 무왕은 신라 진평왕의 딸과 결혼했다는 이야기가 전해져요. 강한 나라를 만들기 위해 애쓰던 무왕은 지금의 익산에 미륵사를 세웠어요. 현재 절 건물들은 모두 사라졌지만 탑은 남아 화려하면서도 조화로운 백제 예술의 아름다움을 보여 주고 있어요.

익산 미륵사지 석탑
ⓒ 국가유산청

오늘의 한 문장 백제 ㅁ ㅇ 은 익산에 미륵사를 세웠다.

11월 26일

일제 강점기

• 오늘의 인물은? •

윤 봉 길

중국의 장제스는 '중국 백만 대군도 못한 일을 조선의 한 청년이 해냈다'며 감격했어요. 그가 말한 조선의 청년이 <u>윤봉길</u>이에요. 윤봉길은 김구를 만나 한인 애국단에 들어갔어요. 1932년 상하이 훙커우 공원에서는 일제의 상하이 점령 기념행사 겸 일본 왕의 생일 축하 행사가 있었어요. 윤봉길은 경비를 뚫고 들어가 기념식장을 향해 폭탄을 던졌어요. 일본군 대장이 죽고 몇몇이 크게 다쳤죠. 이 일은 중국 등 세계에 알려졌고, 장제스는 기뻐하며 대한민국 임시 정부에 대한 지원을 약속했어요.

오늘의 한 문장 한인 애국단원 ㅇ ㅂ ㄱ 은 상하이 훙커우 공원에서 기념식장에 폭탄을 던졌다.

2월 2일

🏳 백제

• 오늘의 인물은? •

의 자 왕

"부모를 공경하고 형제간에 우애가 깊다. 용맹스럽고 담대하며 결단력이 있다." 이런 평가를 들었던 사람이 백제의 마지막 왕인 **의자왕**이에요. 왕이 된 초기에 의자왕의 활약은 대단했어요. 신라를 공격하여 40여 개 성과 대야성을 빼앗아 땅를 넓히고 안정된 정치를 폈어요. 그러나 왕위에 오른 지 10여 년이 넘으면서 충성스러운 신하를 멀리하고, 사치스러운 생활을 했다고 해요. 결국 의자왕은 신라와 당 연합군의 공격을 받아 항복했고, 백제는 멸망했어요.

* **공경** 공손히 받들어 모심
* **담대** 겁이 없고 배짱이 두둑함
* **왕위** 임금의 자리

오늘의 한 문장 백제는 ㅇ ㅈ ㅇ 때 신라와 당 연합군의 공격을 받아 멸망했다.

11월 25일

> 일제 강점기

· 오늘의 인물은? ·

전 형 필

　간송 **전형필**은 서울의 이름난 부잣집에서 태어났어요. 우리 문화유산이 일본인에게 넘어가는 것을 막고자 자신의 재산을 털어 문화유산을 모았어요. 고려 시대에 만들어진 청자 상감 운학문 매병, 「미인도」를 비롯한 신윤복의 그림들, 김정희와 정선의 작품들, 『훈민정음』 「해례본」······. 전형필은 이렇게 모은 수많은 문화유산을 잘 보존하기 위해 보화각(지금의 간송 미술관)이라는 개인 박물관을 세웠어요. 이처럼 전형필은 문화로 나라를 지켜 냈어요.

오늘의 한 문장　ㅈ ㅎ ㅍ 은 일제 강점기에 수많은 문화유산을 수집하여 보존에 힘썼다.

2월 3일

오늘은? 한국 수어의 날

> 백제

• 오늘의 인물은? •

윤충

 백제 장군 <u>윤충</u>은 의자왕의 명령을 받아 신라 땅인 대야성을 공격했어요. 대야성 성주 김품석은 김춘추의 사위로, 평이 좋지 않았어요. 이미 성안은 불만으로 가득했고 분위기도 나빴죠. 관리들이 항복을 권하자 김품석이 이를 받아들여 윤충에게 항복했어요. 윤충은 김품석과 그의 아내를 죽였고, 대야성은 백제 땅이 되었어요. 김춘추는 딸과 사위의 복수를 하고 위기에 빠진 신라를 구하고자 당과 힘을 합치는 데 앞장섰어요.

오늘의 한 문장 백제 의자왕은 ㅇ ㅊ 을 보내 신라의 대야성을 빼앗았다.

11월 24일 오늘은? 민원의 날

> 일제 강점기

· 오늘의 인물은? ·

이육사

이육사는 독립운동가들의 활약에 감명받아 형제들과 함께 의열단에 들어갔어요. 중국을 오가며 독립운동에 필요한 돈과 국내 소식을 전달했죠. 그러다 조선은행 대구 지점 폭파 사건의 범인으로 몰려 감옥에 가게 되었어요. 이때 그의 죄수 번호가 264번이었고, 이후 이원록이라는 본이름 대신 이육사로 활동했어요. 이육사는 독립운동에 앞장서다 17차례나 감옥에 갔고 결국 감옥에서 세상을 떠났어요. 이육사는 일제에 저항하고 민족의식을 일깨우는 「광야」, 「청포도」, 「절정」 등의 시를 남겼어요.

이제부터 나는 이육사다.

오늘의 한 문장 독립운동가이자 민족 저항 시인 ㅇ ㅇ ㅅ 는 「광야」 등의 작품을 남겼다.

2월 4일

🚩 백제

• 오늘의 인물은? •

성 충

　의자왕에게는 똑똑한 신하 **성충**이 있었어요. 성충은 나라의 힘을 키우는 방법을 알려 주었죠. 백제가 튼튼해졌다 느껴진 순간, 의자왕은 나랏일을 멀리하기 시작했고 성충은 이를 강하게 비판했어요. 화가 난 의자왕은 성충을 감옥에 가두었어요. 성충은 음식을 거부한 채 이런 말을 남기고 세상을 떠났어요. "적이 쳐들어오면 탄현과 백강 하구의 기벌포를 절대 빼앗기지 마십시오." 성충의 말대로 신라 군대는 탄현으로, 당 군대는 기벌포를 지나 사비성으로 쳐들어와 결국 백제는 멸망했어요.

* **하구** 강에서 바다로 흘러 들어가는 첫머리

오늘의 한 문장　충성스러운 신하 ㅅ ㅊ 은 백제 의자왕을 비판하다가 감옥에 갇혔다.

11월 23일

일제 강점기

• 오늘의 인물은? •

권 기 옥

권기옥은 어린 시절 미국 비행사가 비행하는 모습을 보고 일본으로 비행기를 몰고 가서 일본 국왕이 사는 궁성을 폭파하겠다는 생각을 했다고 해요. 독립운동을 하다가 일제 경찰에 쫓겨 중국 상하이로 가게 되었는데, 이때 기회를 얻었어요. 대한민국 임시 정부의 추천을 받아 항공 학교에 들어가게 되었죠. 모든 과정을 마치고 졸업한 권기옥은 한국 최초의 여성 비행사가 되었어요. 대한민국 임시 정부에는 공군이 없었기에 중국 공군에서 비행사로 활약하며 일제와 맞섰어요.

오늘의 한 문장 독립운동가 ㄱㄱㅇ 은 한국 최초의 여성 비행사로 알려져 있다.

2월 5일

백제

• 오늘의 인물은? •

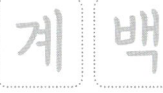

계 백

 아내와 자식이 적에게 잡혀 노비로 사느니 차라리 내 손에 죽는 것이 낫다며 백제 장군 **계백**은 가족을 죽이고 신라와 맞붙을 전쟁터인 황산벌로 향했어요. 계백은 5천 명의 백제 군사를 이끌고 그 열 배인 5만 명의 신라 군사에 맞서 싸웠어요. 계백과 백제 군대의 용맹함에 신라 군대가 네 번이나 뒤로 물러났죠. 하지만 힘이 다한 계백이 죽고 백제 군대는 전투에서 졌어요. 황산벌 전투에서 진 백제는 결국 멸망했어요.

오늘의 한 문장 ㄱ ㅂ 이 이끈 백제 군대는 황산벌에서 신라 군대에 맞서 싸웠으나 패배했다.

11월 22일 오늘은? 김치의 날

> 일제 강점기

• 오늘의 인물은? •

나운규는 10대 시절부터 독립운동을 벌이다가 감옥에 갇히기도 했어요. 그러다 1924년에 부산에 세워진 조선 키네마 주식회사에 들어가 영화배우가 되었어요. 이곳에서 나운규의 영화 인생이 시작됩니다. 배우로 유명해지자 직접 영화를 만들기로 결심한 나운규는 1926년에 단성사에서 영화 「아리랑」을 선보였어요. 자신이 대본을 쓰고 주연과 감독을 맡았죠. 일제 강점기 민족의 아픔을 담은 영화 「아리랑」은 엄청난 인기를 끌며 전국 곳곳에서 상영됐어요.

오늘의 한 문장 일제 강점기 민족의 아픔을 그린 ㄴ ㅇ ㄱ 의 영화 「아리랑」은 단성사에서 처음으로 상영되었다.

2월 6일

백제

• 오늘의 인물은? •

흑 치 상 지

　나라를 잃은 백제 사람들은 똘똘 뭉쳐 나라를 다시 세우고자 부흥 운동을 일으켰어요. 백제 부흥 운동에 앞장선 사람은 복신과 도침이었죠. 왜에 머물던 의자왕의 아들 부여풍이 함께하면서 부흥 운동은 힘을 얻었어요. 다른 곳에서도 **흑치상지**를 중심으로 백제 부흥 운동이 일어나 당의 군대와 싸워 이들을 물리쳤어요. 하지만 복신과 부여풍이 서로 다투면서 부흥 운동은 흐지부지되었어요. 그 뒤 흑치상지는 당으로 건너가 이름 높은 장군이 되었답니다.

오늘의 한 문장　백제 부흥 운동의 중심에는 복신, 도침, ㅎ ㅊ ㅅ ㅈ 등이 있었다.

11월 21일

> 일제 강점기

• 오늘의 인물은? •

유 관 순

 1919년 3·1 운동이 한창이던 때 이화 학당 학생이었던 **유관순**은 친구들과 함께 만세 운동에 참여했어요. 학교가 문을 닫자 고향인 천안으로 내려가 뜻을 같이하는 사람들과 학교, 교회를 찾아다니며 만세 운동을 계획했죠. 드디어 4월 1일 천안 아우내 장터에서 만세 운동이 일어났어요. 이를 이끈 유관순은 일제 경찰에 붙잡혔어요. 유관순은 감옥에 갇혀서도 독립 만세를 외쳤고, 일제의 모진 고문으로 감옥에서 목숨을 잃었어요.

오늘의 한문장 ㅇ ㄱ ㅅ 은 3·1 운동이 일어나자 천안 아우내 장터에서 만세 운동을 벌였다.

2월 7일

▶ 백제

• 오늘의 인물은? •

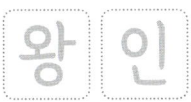
왕인

 백제는 왜와 친했어요. 백제는 왜로부터 경제적·군사적 도움을 받았고, 왜는 백제로부터 앞선 문화를 받아들였죠. 백제 왕은 아직기를 왜에 보냈는데, 왜는 그를 태자*의 스승으로 삼았어요. 아직기가 돌아갈 때가 되자 왜는 새로운 사람을 보내 달라고 청했고, 왕인이 가게 되었어요. 『논어』와 『천자문』을 가지고 간 왕인은 태자와 신하를 가르쳐 왜가 발전하는 데 큰 공을 세웠답니다.

* 태자 임금의 자리를 이을 아들

오늘의 한 문장 백제 사람인 아직기와 ㅇ ㅇ 은 왜의 문화 발전에 큰 역할을 했다.

11월 20일

> 일제 강점기

· 오늘의 인물은? ·

강 주 룡

  1931년 5월 29일 새벽, 평양 을밀대 지붕 위에서 **강주룡**이 농성*을 벌이고 있었어요. 일제 강점기 한국인은 일본인 노동자에 비해 매우 낮은 임금을 받았고 노동 조건도 형편없었어요. 여성은 남성보다 더 상황이 나빴죠. 강주룡이 일하던 평원 고무 공장 사장이 임금을 깎으려 하자 노동자들은 농성을 벌였어요. 일제 경찰에 의해 강제로 해산되자 강주룡은 죽을 각오를 하고 을밀대 지붕에 올라가 임금을 깎지 말라고 큰소리로 외쳤어요. 결국 일제 경찰에 체포되었죠. 강주룡은 한국 최초의 여성 노동 운동가로 평가받고 있어요.

*농성 어떤 목적을 달성하기 위해 저항하는 행동

오늘의 한 문장 일제 강점기에 ㄱ ㅈ ㄹ 은 회사가 임금을 깎으려 하자 이에 맞서 평양 을밀대 지붕에 올라가 농성을 벌였다.

2월 8일

🚩 신라

• 오늘의 인물은 •

박 혁 거 세

지금의 경주 지역에 있던 여섯 마을 대표들이 모여 있을 때 신기한 빛이 하늘에서 내려왔어요. 그곳에 가 보니 흰말이 있었고, 그 옆에는 큰 알이 있었죠. 말이 하늘로 날아가자 사내아이가 알을 깨고 나왔어요. 알이 둥근 박과 같다고 하여 성을 박씨라 했고, 환한 빛으로 세상을 다스린다는 의미에서 이름을 혁거세라고 했어요. **박혁거세**가 자라자 마을 대표들은 그를 왕으로 삼았어요. 천 년의 역사를 이어 간 신라의 첫 번째 왕이었지요.

오늘의 한 문장 ㅂ ㅎ ㄱ ㅅ 는 지금의 경주 지역에 신라를 세웠다.

11월 19일

오늘은?
아동 학대 예방의 날

> 일제 강점기

· 오늘의 인물은? ·

심훈은 다양한 분야에서 재주가 뛰어난 사람이었어요. 일본에서 영화를 공부하고 돌아와 「먼동이 틀 때」라는 영화를 만들어 단성사에서 상영해 큰 성공을 거두었죠. 1930년에는 3·1 운동을 기념하여, 광복된 그날을 꿈꾸며 「그날이 오면」이라는 시를 발표했어요. 1930년대에는 학생들이 농촌에 가서 한글을 가르치며 계몽 활동을 하는 브나로드 운동이 한창*이었어요. 심훈은 브나로드 운동을 소재로 한 소설 『상록수』를 발표하여 인기를 끌었어요.

* **한창** 어떤 일이 가장 활기 있고 왕성하게 일어나는 때

오늘의 한 문장   ㅅ ㅎ 은 브나로드 운동을 소재로 한 소설 『상록수』를 지었다.

2월 9일

> 신라

• 오늘의 인물은? •

석 탈 해

석탈해는 신라 제4대 임금이에요. 신라를 세운 혁거세의 성은 박씨인데 석씨를 가진 사람이 왕이 되다니 어떻게 된 일일까요? 석탈해도 알에서 태어났어요. 바다 건너 용성국 왕비가 알을 낳자 배에 실어 바다에 띄웠고, 그 배가 신라 바닷가에 닿았어요. 어느덧 어른이 된 석탈해의 능력이 뛰어나다는 소문이 나라를 다스리던 남해 차차웅의 귀에까지 들어갔어요. 석탈해는 남해 차차웅의 딸과 결혼해 나랏일을 도왔고, 이후 신라 제4대 탈해 이사금이 되었어요.

오늘의 한 문장 알에서 태어난 ㅅ ㅌ ㅎ 는 신라의 제4대 임금이 되었다.

11월 18일 오늘은? 약의 날

> 일제 강점기

· 오늘의 인물은? ·

| 이 | 봉 | 창 |

이봉창은 대한민국 임시 정부의 김구를 찾아가 나라를 위해 일하고 싶다고 말했어요. 김구가 만든 한인 애국단의 단원이 된 이봉창은 의거를 준비를 했어요. 1931년 12월, 이봉창은 자신이 쓴 선서문을 읽고 양손에 수류탄을 든 채 기념사진을 찍었어요. 이때 이봉창은 그 어느 때보다 환하게 웃었죠. 일본으로 떠난 이봉창은 도쿄에서 일본 국왕 히로히토가 탄 마차를 향해 폭탄을 던졌어요. 일본 국왕을 처단하지는 못했지만 이봉창의 의거는 일제를 놀라게 했어요.

오늘의 한 문장
김구가 만든 한인 애국단에 들어간 ㅇ ㅂ ㅊ 은 도쿄에서 일본 국왕을 향해 폭탄을 던졌다.

2월 10일
오늘은? 문화유산 방재의 날

> 신라

• 오늘의 인물은? •

김 알 지

탈해 이사금이 다스리던 시기에 숲에서 닭이 울어 살펴보니 황금 상자가 나뭇가지에 걸려 있고, 나무 아래에서 흰 닭이 울고 있었어요. 상자를 열어 보니 사내아이가 있었죠. 아이가 황금 상자에서 나왔다고 해서 성을 김씨, 이름을 알지라 부르게 되었어요. **김알지**는 왕이 되지 못했지만, 그의 후손인 제13대 미추 이사금이 김씨로서는 처음으로 왕위에 올랐어요. 이처럼 신라 초기에는 박씨, 석씨, 김씨 성을 가진 사람이 번갈아 가면서 왕이 되었어요.

오늘의 한 문장: ㄱ ㅇ ㅈ 의 후손인 미추 이사금은 김씨로서는 처음으로 신라 왕이 되었다.

11월 17일 오늘은? 순국선열의 날

일제 강점기

• 오늘의 인물은? •

안 창 남

어릴 적 비행기를 처음 본 뒤 비행사가 되기로 결심한 안창남은 일본 비행 학교에 들어갔어요. 일본에서 치러진 비행사 시험에서 1등을 한 안창남은 일본 도쿄~오사카 간 우편 비행 대회에 참가해 최우수상을 타며 이름을 알렸어요. 그 뒤 안창남은 자신의 비행기 금강호를 타고 국내로 와서 여의도에서 날아올라 마포와 독립문, 종로 하늘을 날았어요. 안창남의 비행은 한국 사람들에게 큰 희망을 주었죠. 이후 안창남은 독립운동에 뛰어들어 중국으로 가서 비행사를 길러 내는 데 힘쓰다 사고로 목숨을 잃었어요.

오늘의 한 문장 일제 강점기 ㅇ ㅊ ㄴ 은 금강호를 타고 한국 하늘을 비행하여 한국 사람들에게 큰 희망을 주었다.

2월 11일

> 신라

• 오늘의 인물은? •

내물마립간

마립간이 뭐냐고요? 신라 말로 왕을 뜻해요. 신라에서는 '왕' 대신에 거서간, 차차웅, 이사금 등을 사용했는데, **내물 마립간** 때 '마립간'이라는 칭호*를 처음으로 사용했어요. 내물 마립간이 다스릴 때 신라는 왜가 침입하는 등 혼란스러웠어요. 내물 마립간은 고구려 광개토 대왕에게 도움을 요청해 왜를 물리칠 수 있었어요. 내물 마립간 이후부터 신라에서는 김씨가 계속 왕위에 올랐어요.

* **칭호** 어떠한 뜻으로 일컫는 이름

오늘의 한 문장 ㄴ ㅁ ㅁ ㄹ ㄱ 이후부터 신라에서는 김씨가 계속 왕위에 올랐다.

11월 16일

일제 강점기

· 오늘의 인물은? ·

홍 난 파

"울 밑에 선 봉선화야 네 모양이 처량하다" **홍난파**가 작곡한 「봉선화」라는 노래예요. 우리 민족의 슬픔을 표현한 노래로 큰 인기를 끌어 일제가 부르지 못하게 금지했어요. '한국의 슈베르트'라고도 불린 홍난파는 「고향의 봄」, 「작은 별」 등 지금까지도 불리는 수많은 노래를 작곡하여 한국 서양 음악 발전에 큰 공을 세웠어요. 홍난파는 독립운동 단체에 들어갔던 일이 밝혀져 붙잡혀 가 고문 끝에 일제에 충성하겠다는 약속을 하고 풀려났어요. 이후 친일 단체에서 일제를 찬양하는 노래를 만들기도 했어요.

* **작곡** 음악 작품을 만드는 일 또는 시나 대본 등에 가락을 붙이는 일

오늘의 한 문장 ㅎ ㄴ ㅍ 는 「봉선화」, 「고향의 봄」 등을 작곡했다.

2월 12일

> 신라

· 오늘의 인물은? ·

박 제 상

"동생들이 보고 싶구나……." 눌지 마립간의 첫째 동생은 고구려에, 둘째 동생은 왜에 인질*로 가 있었어요. 이때 박제상이 나섰어요. 그는 고구려로 가서 장수왕에게 눌지 마립간의 동생을 돌려보내 준다면 장수왕의 고운 마음씨가 널리 알려질 거라 말하며 설득에 성공했어요. 이제 박제상은 신라에서 반란을 일으켜 쫓겨난 것처럼 꾸며 왜로 가서, 눌지 마립간의 동생만 몰래 신라로 보냈어요. 화가 난 왜왕은 박제상에게 자신의 신하가 되라고 강요했고 박제상은 이를 거부하다 결국 목숨을 잃었어요.

* **인질** 약속을 지킬 것을 조건으로 잡아 두는 사람

오늘의 한 문장 ㅂ ㅈ ㅅ 은 눌지 마립간의 동생들이 신라로 돌아올 수 있도록 힘썼다.

11월 15일

일제 강점기

• 오늘의 인물은? •

김 원 봉

김원봉은 의열단 단장을 맡아 일제의 주요 인물을 죽이고 조선 총독부, 동양 척식 주식회사 등 식민 지배에 앞장선 기관들을 파괴하는 일을 이끌었어요. 일제는 김원봉을 잡기 위해 많은 현상금*까지 걸었지만 한 번도 잡히지 않았죠. 조직적인 독립운동을 위해 군대가 필요하다고 생각한 김원봉은 중국 국민당 정부의 도움을 받아 조선 의용대를 만들어 무장 투쟁을 이어 갔어요. 훗날 조선 의용대의 일부를 이끌고 한국광복군에 합류하여 부사령관이 되었어요.

* **현상금** 사람을 찾는 일 등에 내건 돈
* **쟁취** 싸워서 바라던 바를 얻음

자유는 우리의 힘과 피로 쟁취하는 것이지, 결코 남의 힘으로 얻어지는 것이 아니다.

오늘의 한 문장 ㄱ ㅇ ㅂ 은 의열단 단장이었으며 조선 의용대를 만들었다.

2월 13일

신라

•오늘의 인물은?•

백결선생

'백결(百結)'은 옷을 백 번(百) 꿰매어(結) 입었다는 의미로, 누더기 옷을 입고 다녀 사람들이 **백결 선생**이라고 불렀어요. 그만큼 검소하게 살았다는 의미지요. 하루는 아내가 "명절이라 다른 집들은 떡을 하는데……."라며 한숨을 쉬자 거문고를 잘 켰던 백결 선생은 아내를 위해 거문고로 떡방아 소리를 내어 위로했다고 해요.

오늘의 한 문장 ㅂ ㄱ ㅅ ㅅ 은 거문고를 잘 켜는 것으로 이름 높았다.

11월 14일

> 일제 강점기

• 오늘의 인물은? •

나 혜 석

　개항 이후 근대 교육을 받은 여성을 전통적인 여성과 구분하여 '신여성'이라고 불렀어요. 신여성은 남녀평등과 여성의 사회 참여를 주장했죠. 한국 최초의 여성 서양화가 **나혜석**이 대표적인 신여성입니다. 나혜석은 일본에서 미술을 공부하고 돌아와 화가로 활동했어요. 당시에는 흔치 않은 연애결혼을 한 뒤에도 화가로서의 활동을 이어 갔어요. 남편과 세계여행을 하다가 프랑스에서 유학했으며, 이때 자유연애를 한 것이 문제가 되어 이혼을 하게 되었죠. 이후 「이혼 고백서」라는 글을 발표하여 남성 중심의 사회를 비판했어요.

오늘의 한 문장　대표적인 신여성 ㄴ ㅎ ㅅ 은 한국 최초의 여성 서양화가이며 여성 운동가로도 활동했다.

2월 14일

🚩 신라

• 오늘의 인물은? •

지 증 왕

"아이고~ 60이 넘은 새 왕이라니~." 신라 사람들은 나이 든 새 왕에 걱정이 앞섰어요. 하지만 **지증왕**은 좋은 정치를 펴서 백성의 걱정을 지워 버렸죠. 우선 왕이나 귀족이 죽었을 때 신하나 노비를 함께 묻는 순장을 없앴어요. 밭을 갈 때 소를 이용하는 방법, 즉 우경을 널리 퍼뜨려 농사에 도움을 주었으며, '동시'라는 시장도 만들었어요. 또 나라 이름을 '신라'로 정하고, 임금을 '마립간'이라고 부르던 것을 '왕'으로 고쳤답니다.

오늘의 한 문장 ㅈ ㅈ ㅇ 은 나라 이름을 '신라'로 정하고 임금의 칭호를 '왕'으로 고쳤다.

11월 13일

> 일제 강점기

· 오늘의 인물은? ·

양 세 봉

양세봉은 3·1 운동 이후 독립군 부대인 천마산대에 들어가 일제의 통치 기관을 파괴하고 친일파*를 처단하는 활동을 했어요. 1930년대 초에 **양세봉**은 만주에서 조직된 독립군인 조선 혁명군의 총사령관이 되어 부대를 이끌었어요. 양세봉은 일제와 싸우기 위해서는 중국군과의 협력이 중요하다고 생각하고 연합 작전을 펼쳤어요. 조선 혁명군은 항일* 중국군과 함께 일본군에 맞서 싸워 영릉가 전투 등에서 승리했어요.

* **친일파** 일제에 협력하며 침략 정책을 지지하고 따르던 무리
* **항일** 일본 제국주의에 맞서 싸움

오늘의 한 문장 ㅇ ㅅ ㅂ 은 조선 혁명군을 이끌고 항일 중국군과 연합 작전을 펼쳐 영릉가 전투 등에서 승리했다.

2월 15일

▶ 신라

• 오늘의 인물은? •

이 사 부

 삼국 시대*에 지금의 울릉도에는 우산국이라는 나라가 있었어요. 지증왕은 **이사부**에게 우산국을 정복하라고 명령했어요. 우산국은 신라 땅에서 멀리 떨어져 있어 많은 무기와 군사를 싣고 그곳까지 가기가 힘들었어요. 이사부는 꾀를 내어 나무로 만든 사자 조각상을 배에 나누어 싣고 간 뒤에 항복하지 않으면 이 동물들을 풀어서 죽일 거라고 말했죠. 우산국 사람들은 벌벌 떨며 곧 항복했어요.

* **삼국 시대** 고구려, 백제, 신라의 세 나라가 맞서 있던 시대

오늘의 한 문장 신라 지증왕 때 ㅇ ㅅ ㅂ 는 우산국을 정복해 신라 땅으로 만들었다.

11월 12일

일제 강점기

· 오늘의 인물은? ·

김 익 상

  의열단원 **김익상**은 중국에서 김원봉으로부터 폭탄과 총을 건네받고 국내로 들어왔어요. 김익상은 기차 안에서 아이를 혼자 데리고 가는 일본 여자에게 말을 걸어 부부인 척해 일제 경찰의 눈을 속였죠. 1921년 9월 12일, 일본인 전기 수리공 차림으로 조선 총독부에 들어간 김익상은 2층으로 올라가 폭탄을 던지고 혼란한 틈을 타 유유히 사라졌어요. 조선 총독부는 일제가 우리 민족을 다스리기 위해 설치한 최고 통치 기구입니다. 그곳에서 폭탄이 터진 일은 일제를 깜짝 놀라게 했어요.

오늘의 한 문장 의열단원 ㄱ ㅇ ㅅ 은 조선 총독부에 폭탄을 던졌다.

2월 16일

🚩 신라

• 오늘의 인물은? •

법 흥 왕

지증왕의 아들 **법흥왕**은 아버지가 나이가 많았던 탓에 일찍부터 나랏일을 돌보기 시작했어요. 왕이 된 법흥왕은 나라의 기본을 다지기 위해 노력했죠. 우선 율령을 만들었어요. '율'이란 죄와 형벌에 관한 법이고, '령'은 나라를 다스리는 데 필요한 제도예요. 쉽게 말하면 나라의 규칙을 세운 거죠. 또 법흥왕 때 신라 옆에 있던 금관가야가 항복해 와서 땅이 넓어졌어요. 나라의 힘이 커지자 법흥왕은 '건원'이라는 신라만의 연호를 사용했어요.

오늘의 한 문장 ㅂ ㅎ ㅇ 은 율령을 만들고 금관가야를 합치는 등 신라의 기틀을 다졌다.

11월 11일

오늘은? 농업인의 날 / 보행자의 날 / 유엔 참전 용사 국제 추모의 날

> 일제 강점기

• 오늘의 인물은? •

최 현 배

최현배는 주시경이 세운 조선어 강습원*에서 배운 뒤에 한글의 매력에 빠지게 되었어요. 일제의 탄압 속에서 우리말과 글을 지키기 위해 힘썼죠. 한글을 연구하여 『우리말본』, 『한글갈』 등의 책을 썼으며, 조선어 학회에 참여하여 이윤재 등과 함께 한글 맞춤법 통일안을 만들고 우리말 사전을 펴내기 위해 노력했어요. 광복 이후에는 국어 교재를 만들고 교사를 길러 내는 데 힘쓰는 한편 한글 교과서를 50가지 이상 펴냈어요.

* **조선어 강습원** 주시경 등이 우리말과 글을 가르치기 위해 세운 기관

오늘의 한 문장 ㅊ ㅎ ㅂ 는 한글을 연구하여 『우리말본』 등의 책을 썼으며 한글 맞춤법 통일안을 만드는 데 참여했다.

2월 17일

🚩 신라

• 오늘의 인물은? •

이 차 돈

이차돈이 절을 지으려 한다는 소문은 민간 신앙*을 믿던 신라를 뒤집어 놓았어요. 이차돈은 법흥왕 앞에 끌려왔죠. 신하들이 이차돈을 죽여야 한다고 말하자 왕도 이를 허락했어요. 이차돈은 죽기 전에 자신은 불교를 위해 죽는 것이며 자신이 죽으면 기적이 일어날 거라 말했어요. 이차돈의 목이 떨어진 순간 우윳빛 피가 솟구치고 하늘에서 꽃비가 내렸어요. 이 일로 법흥왕은 불교를 공식적으로 인정할 수 있었답니다.

* **민간 신앙** 백성 사이에서 예로부터 전하여 내려오는 신앙

오늘의 한 문장 신라 법흥왕은 ㅇ ㅊ ㄷ 의 죽음을 기회로 삼아 불교를 공식적으로 인정했다.

11월 10일

> 일제 강점기

· 오늘의 인물은? ·

일제는 우리 역사가 발전 없이 멈춰 있기 때문에 스스로 근대화할 수 없다고 우리 역사를 왜곡했어요. 이러한 역사 왜곡에 맞서 **백남운**은 세계사의 일반적인 발전 법칙에서 볼 때 우리 역사도 그에 따라 차근차근 발전해 왔다고 주장했어요. 이는 우리 역사의 발전이 늦고 힘이 약해 식민지가 된 게 어쩔 수 없었다는 일제의 주장을 극복하는 데 큰 힘이 되었어요. 백남운은 우리 역사를 연구하여 『조선사회경제사』 등의 책을 썼답니다.

* **식민지** 정치적·경제적으로 다른 나라의 지배를 받는 나라

오늘의 한 문장 ㅂ ㄴ ㅇ 은 『조선사회경제사』를 지어 일제의 역사 왜곡에 맞섰다.

2월 18일

> 신라

• 오늘의 인물은? •

진 흥 왕

　신라의 전성기를 연 왕은 진흥왕이에요. 백제 성왕과 손잡고 고구려로부터 한강 유역을 빼앗아 나누어 가진 뒤에 백제를 공격하여 한강 유역을 모두 차지했어요. 한강 유역만 차지한 게 아니에요. 동해안을 따라 함경도 지방까지 땅을 넓혔고, 대가야도 무너뜨렸어요. 진흥왕은 이를 기념하여 서울 북한산 신라 진흥왕 순수비*를 비롯해 여러 비석을 세웠어요. 또 신라가 삼국을 통일하는 데 큰 역할을 하는 화랑도를 정비했어요.

* 순수비 왕이 살피며 돌아다닌 곳을 기념하기 위해 세운 비석

오늘의 한 문장 　신라 ㅈ ㅎ ㅇ 은 서울 북한산에 순수비를 세우고 화랑도를 정비했다.

11월 9일

오늘은?
소방의 날

▶ 일제 강점기

· 오늘의 인물은? ·

정 인 보

정인보는 독립운동의 하나로 역사를 연구했어요. 일제의 역사 왜곡에 맞서 민족정신과 문화를 지키려 했죠. 정인보는 민족정신을 '얼'이라 표현하며 무척 강조했고, 얼을 일깨우는 데 힘을 쏟았어요. 안재홍 등과 함께 조선학 운동도 벌였어요. 광복 이후 정인보는 '흙 다시 만져 보자'라고 시작하는 광복절 노래와 '기미년 삼월 일일'이라고 시작하는 삼일절 노래의 가사를 지었어요.

삼일절 노래 ♪

♪ 기미년 삼월 일일 정오
터지자 밀물 같은 대한 독립 만세
태극기 곳곳마다 삼천만이 하나로
이날은 우리의 의요 생명이요 교훈이다
한강은 다시 흐르고 백두산 높았다
선열하 이 나라를 보소서
동포야 이날을 길이 빛내자

오늘의 한 문장   ㅈ ㅇ ㅂ 는 민족정신을 '얼'이라 하며 강조했고 조선학 운동을 벌였다.

2월 19일

신라

• 오늘의 인물은? •

거 칠 부

신라의 전성기를 연 진흥왕은 신라의 위대함을 책으로 남기고 싶었어요. 마침 이사부가 역사책을 만들자고 건의했죠. 이 일을 맡은 사람이 **거칠부**예요. 거칠부는 글을 잘 짓는 사람들을 모아 신라 역사를 책으로 엮었는데, 이 책이 『국사』입니다. 거칠부는 장군으로서 여러 전투에 참여하여 눈부신 활약을 하며 신라가 영토*를 넓히는 데도 큰 공을 세웠어요.

* **영토** 한 나라의 힘이 미치는 땅의 범위

오늘의 한 문장 ㄱ ㅊ ㅂ 는 진흥왕 때 신라 역사를 담은 『국사』를 만들었다.

11월 8일

일제 강점기

· 오늘의 인물은? ·

나 석 주

  의열단원 **나석주**는 조선 식산 은행*에 폭탄을 던졌지만 터지지 않았어요. 태연하게 걸어 나와 길 건너 동양 척식 주식회사(동척)*로 갔죠. 일본 기자와 직원에게 총을 쏘고, 폭탄을 던졌어요. 이 폭탄 또한 터지지 않았어요. 나석주는 동척을 빠져나왔지만 수많은 일제 경찰에 쫓겼어요. 일제 경찰과 사람들을 향해 "나는 조국의 자유를 위해 투쟁했다."라고 외친 나석주는 마지막 한 발을 자신에게 쐈고, 결국 숨졌어요.

* **조선 식산 은행** 일제가 세운 은행으로 경제적 침략에 앞장섬
* **동양 척식 주식회사** 일본이 토지와 자원을 빼앗기 위해 세운 회사
* **투쟁** 어떤 목적을 이루거나 어떤 대상을 극복하기 위한 싸움

오늘의 한 문장 ㄴ ㅅ ㅈ 는 조선 식산 은행과 동양 척식 주식회사에 폭탄을 던졌다.

2월 20일

🚩 신라

• 오늘의 인물은? •

사 다 함

화랑도는 신라 청소년이 모여 무예를 익히고 학문을 배우는 단체예요. 진흥왕은 화랑도를 정비하여 능력 있는 사람을 키우고자 했어요. 화랑도를 대표하는 사람 중 한 명이 사다함이에요. 사다함은 신라가 대가야를 정복할 때 어린 나이임에도 군사를 이끌고 기습 공격*을 펼쳐 승리에 결정적인 역할을 했어요. 그 공으로 노비 300명을 받았는데, 이들을 모두 풀어 주어 칭찬이 자자했죠. 하지만 친한 친구인 무관랑이 병들어 죽자 이를 슬퍼하며 7일간 울다가 17세의 나이에 세상을 떠났어요.

* **기습 공격** 적이 생각지 않았던 때에 갑작스럽게 하는 공격

| 오늘의 한 문장 | 화랑 ㅅ ㄷ ㅎ 은 신라가 대가야를 정복할 때 공을 세웠다. |

11월 7일 — 일제 강점기

• 오늘의 인물은? •

김 마 리 아

"세계 여러 나라의 앞에서 기필코 독립을 이루겠다는 뜻을 널리 알리노라." 일본 도쿄에서 한국인 유학생들이 독립 선언을 발표했어요(2·8 독립 선언). 여기에 참여한 **김마리아**는 독립운동에 삶을 바치겠다는 결심을 하고, 2·8 독립 선언서를 베껴 몸에 숨긴 채 국내로 들어왔어요. 전국을 돌아다니며 독립운동에 참여할 것을 권하다가 일제 경찰에 붙잡혀 모진 고문을 받았죠. 풀려난 뒤에는 대한민국 애국 부인회 회장을 맡아 대한민국 임시 정부를 지원하는 활동을 했어요. 미국 유학 생활 중에는 여성 독립운동 단체 근화회를 만들어 활동을 이어 갔어요.

여성들도 독립운동에 힘을 합쳐야 합니다.

오늘의 한 문장: 대한민국 애국 부인회 회장을 지낸 ㄱ ㅁ ㄹ ㅇ 는 독립운동에 삶을 바쳤다.

2월 21일

신라

• 오늘의 인물은? •

원 광

　원광은 중국에서도 이름 높았던 승려로 진평왕 때 신라로 돌아왔어요. 원광은 사람들이 찾아와 가르침을 청하자 다음을 알려 주었어요. 사군이충(충성으로 임금을 섬기라), 사친이효(효로써 부모를 섬기라), 교우이신(믿음으로 벗을 사귀라), 임전무퇴(전쟁에 임할 때는 물러서지 말라), 살생유택(생명을 죽일 때는 반드시 가려서 하라). 이 다섯 가지 덕목을 「세속 오계」라고 합니다. 「세속 오계」는 화랑도가 지켜야 할 규범으로 중요시되었어요.

오늘의 한 문장　ㅇㄱ 은 신라 화랑도의 규범이 된 「세속 오계」를 지었다.

11월 6일

일제 강점기

• 오늘의 인물은? •

박 중 빈

 원불교를 아시나요? 원불교는 일제 강점기에 **박중빈**이 불교를 바탕으로 만든 종교예요. 생활 개선*을 통해 현실적인 삶에서 행복을 찾으려고 했죠. 종교 단체이지만 저축 조합을 만들어 금연(담배를 끊음), 금주(술을 끊음), 저축, 절약 등 생활 개선 운동을 펼쳤어요. 이를 '새 생활 운동'이라고 합니다. 이렇게 모은 돈으로 간척* 사업을 벌여 농사짓는 땅을 만들었어요.

* **개선** 잘못된 것이나 부족한 것, 나쁜 것 등을 고쳐 더 좋게 만듦
* **간척** 육지에 닿아 있는 바다나 호수의 일부를 막고 그 안의 물을 빼내어 육지로 만드는 일

갯벌을 메워 농토를 만듭시다.

오늘의 한 문장 ㅂ ㅈ ㅂ 은 원불교를 만들어 새 생활 운동을 펼쳤다.

2월 22일

> 신라

• 오늘의 인물은? •

선 덕 여 왕

 진평왕이 아들 없이 죽자 신라는 발칵 뒤집혔어요. 귀족들은 화백 회의를 열어 진평왕의 첫째 딸인 덕만을 왕으로 세웠어요. 이 왕이 **선덕 여왕**이에요. 신라에서 처음으로 여자로서 왕위에 오른 선덕 여왕은 어진 왕이었어요. 농사를 지으려면 날씨를 잘 알아야 하기 때문에 별자리의 움직임을 보고 하늘을 살피는 첨성대를 세웠어요. 또 불교 발전을 위해 분황사, 황룡사 9층 목탑 등을 만들었어요.

오늘의 한 문장 ㅅ ㄷ ㅇ ㅇ 은 신라 최초의 여왕으로, 첨성대 등을 세웠다.

11월 5일 오늘은? 소상공인의 날

🚩 **일제 강점기**

· 오늘의 인물은? ·

안재홍은 『조선일보』 사장을 지냈으며, 3·1 운동, 물산 장려 운동, 신간회 등에 참여한 독립운동가입니다. 일본의 역사 왜곡에 맞서 한국사를 연구한 역사학자이기도 하죠. 1930년대 일제는 우리의 민족정신을 없애는 정책을 강화했어요. 이에 맞서 안재홍은 정인보 등과 함께 우리 민족의 전통 사상과 문화 속에서 고유한 특색을 찾아내어 민족의 주체성을 유지하려는 조선학 운동을 벌였어요.

오늘의 한 문장 ㅇ ㅈ ㅎ 은 신간회에서 활동했으며 정인보 등과 함께 조선학 운동을 벌였다.

2월 23일

▶ 신라

• 오늘의 인물은? •

김 춘 추

김춘추는 사위와 딸이 죽은 대야성 전투의 원수를 갚고자 고구려에 가서 도움을 청했어요. 고구려는 신라가 빼앗아 간 땅을 내놓으라고 무리한 요구를 했고, 김춘추는 빈손으로 돌아올 수밖에 없었죠. 김춘추는 굴하지 않고 당으로 가 황제를 설득하여 신라와 당의 동맹*을 이끌어 냈어요. 이후 선덕 여왕과 그 뒤를 이은 진덕 여왕이 세상을 떠나자, 김춘추는 귀족들의 추천을 받아 왕이 되었어요. 바로 태종 무열왕이랍니다. 무열왕은 당과 함께 백제를 공격해 무너뜨리고 다음 해에 눈을 감았어요.

* **동맹** 둘 이상의 사람이나 단체, 나라가 같이 행동하기로 한 맹세

힘을 합하여 백제와 고구려를 공격하는 것이 어떻겠습니까?

오늘의 한 문장 ㄱ ㅊ ㅊ 는 신라와 당의 동맹을 이끌어 냈다.

11월 4일

오늘은? 한글 점자의 날

> 일제 강점기

• 오늘의 인물은? •

김 좌 진

  봉오동 전투에서 패한 일본군은 더 많은 군대를 보내 독립군을 쫓았어요. 이를 미리 생각한 독립군은 백두산 쪽으로 이동하여 연합 작전을 준비했어요. <mark>김좌진</mark>이 이끄는 북로 군정서, 홍범도가 이끄는 대한 독립군 등 여러 독립군 부대가 함께했죠. 독립군 연합 부대는 일본군을 청산리 계곡으로 꾀어내는 데 성공했고, 유리한 지형을 이용하여 일본군을 공격했어요. 10여 차례의 전투 끝에 일본군 천여 명 이상이 죽는 큰 승리를 거두었어요. 이를 청산리 대첩이라고 해요.

오늘의 한 문장: ㄱ ㅈ ㅈ 을 중심으로 한 북로 군정서 등 독립군 연합 부대가 청산리 일대에서 일본군에 큰 승리를 거두었다.

2월 24일

🚩 신라

•오늘의 인물은?•

김 유 신

금관가야의 왕족 출신인 **김유신**은 백제, 고구려와의 전투에 나서 실력을 드러냈어요. 또 자신의 동생을 김춘추와 결혼시켜 힘을 키웠죠. 김유신은 신라 군대를 이끌고 당의 군대와 함께 백제를 공격하여 무너뜨렸어요. 이 과정에서 황산벌에서 계백이 이끄는 백제 군대와 싸워 승리했어요. 무열왕의 아들 문무왕 때에 신라 군대와 당의 군대가 연합하여 고구려 공격에 나서자 김유신이 힘을 보탰어요. 이처럼 김유신은 신라의 삼국 통일에 큰 공을 세웠어요.

오늘의 한 문장 | 금관가야 왕족 출신인 ㄱ ㅇ ㅅ 은 신라의 삼국 통일에 큰 공을 세웠다.

11월 3일 — 학생 독립운동 기념일

오늘은?

1929년에 나주와 광주를 기차로 오가며 학교를 다니던 한국인 학생과 일본인 학생 사이에 다툼이 벌어졌어요. 일제 경찰이 한국인 학생만 붙잡아 조사하자, 한국인 학생들은 일본인 학생과 차별하는 현실에 분노하여 시위에 나섰어요. 한국인 학생들은 차별을 없애고 한국인에 맞는 교육 제도를 만들 것 등을 요구하며 거리로 쏟아져 나왔죠. 광주 학생 항일 운동은 전국 곳곳으로 퍼져 나갔어요. 3·1 운동 이후 가장 규모가 큰 민족 운동이었어요. 광주 학생 항일 운동을 기념하여 처음 시위를 시작한 날인 11월 3일을 '학생 독립운동 기념일'로 정했답니다.

2월 25일

> 신라

• 오늘의 인물은? •

문 무 왕

바닷속에 있는 왕의 무덤을 아시나요? 바로 경주 문무대왕릉이에요. **문무왕**은 죽어서도 동해의 용이 되어 신라를 지킬 수 있도록 바다에 묻어 달라는 말을 남겼어요. 이에 따라 문무왕의 무덤은 바다에 만들어졌답니다. 무열왕의 아들인 문무왕은 아버지를 도와 백제를 무너뜨렸고, 왕이 된 후에는 고구려를 무너뜨렸어요. 하지만 이게 끝이 아니었죠. 신라와 손잡고 백제, 고구려를 무너뜨린 당이 신라마저 집어삼키려 했거든요. 문무왕은 끈질기게 싸워 결국 당을 몰아낸 뒤 삼국 통일을 이루었어요.

> 내가 죽으면 동해에 묻어라. 바다의 용이 되어 나라를 지키겠다.

오늘의 한 문장 신라 ㅁ ㅁ ㅇ 은 고구려를 무너뜨린 뒤 당을 몰아내고 삼국 통일을 이루었다.

11월 2일 오늘은? 수소의 날

> 일제 강점기

• 오늘의 인물은? •

스 코 필 드

  1919년 3·1 운동 당시 만세 운동이 전국으로 번져 나가자 일제는 경찰과 군인을 동원하여 탄압했어요. 경기도 화성 제암리에서는 사람들을 교회에 모이게 한 뒤 총을 쏘고 불을 질러 죽이는 일이 일어났어요. 이 현장을 찾아가 기록한 외국인이 있어요. 세브란스 의학 전문학교 교수로 있던 프랭크 스코필드입니다. 스코필드는 제암리 외에도 수촌리 등 일제가 저지른 학살*현장을 조사하여 다른 나라에 알렸어요. 스코필드의 노력으로 일제의 만행*을 비판하는 목소리가 높아졌어요.

* **학살** 가혹하게 마구 죽임
* **만행** 야만스러운 행동

오늘의 한 문장   스 ㅋ ㅍ ㄷ 는 화성 제암리 학살 사건 등을 기록으로 남겼다.

2월 26일

🚩 가야

• 오늘의 인물은? •

김 수 로

마을 사람들이 모여 "거북아, 거북아. 네 머리를 내밀어라. 그렇지 않으면 구워서 잡아먹으리."라는 노래를 부르며 하늘에 제사 지내자, 붉은 보자기로 싼 금빛 상자가 내려오는 게 아니겠어요? 그 안에는 황금색 알 6개가 있었는데, 차례로 남자아이가 태어났어요. 그중 첫 번째로 태어난 아이를 **김수로**라 했지요. 사람들은 슬기롭게 자란 김수로를 금관가야의 왕으로 삼았어요. 다른 다섯 아이들도 각각 가야의 왕이 되었어요.

오늘의 한 문장 알에서 태어난 ㄱ ㅅ ㄹ 는 금관가야의 왕이 되었다.

11월 1일

오늘은?
임업인의 날 / 손상 예방의 날

일제 강점기

• 오늘의 인물은? •

훈맹정음을 아시나요? 훈맹정음은 <u>박두성</u>이 만든 시각 장애인을 위한 한글 점자*입니다. 박두성은 1913년 맹아 학교*의 선생님이 되면서부터 시각 장애인의 교육을 위해 삶을 바쳤어요. 일본어 점자로만 학생을 가르치는 것이 불만이었던 박두성은 한글 점자를 만들어야겠다고 다짐했어요. 7년간의 연구 끝에 마침내 '훈맹정음'이라고 불리는 한글 점자를 만들었답니다.

* **점자** 손가락으로 더듬어 읽도록 만든 시각 장애인용 글자
* **맹아 학교** 시각 장애인, 청각 장애인, 언어 장애인을 교육하는 학교

오늘의 한 문장 ㅂ   ㄷ   ㅅ 은 시각 장애인의 교육을 위해 한글 점자인 훈맹정음을 만들었다.

2월 27일

🚩 가야

•오늘의 인물은?•

허 황 옥

　왕이 된 뒤로도 결혼을 하지 않는 김수로왕에게 신하들은 자신들의 딸들 중 좋은 사람을 뽑아 결혼하라고 했어요. 김수로왕은 자신이 하늘의 명령으로 왕이 된 것처럼 왕비도 하늘에서 내려 줄 것이니 걱정하지 말라고 했죠. 얼마 후 금관가야 바닷가에 배 한 척이 닿았고, 인도 아유타국의 공주가 내렸어요. 공주는 "부모님 꿈에 신이 나타나 가야국 수로가 아직 결혼을 하지 못했으니 저를 보내라고 하셨답니다."라고 말했지요. 이 여성이 김수로왕의 왕비가 된 **허황옥**이에요.

오늘의 한 문장 인도 아유타국에서 온 ㅎ ㅎ ㅇ 은 금관가야 김수로왕의 왕비가 되었다.

일제 강점기2

2월 28일

오늘은?
2·28 민주 운동 기념일

🚩 가야

·오늘의 인물은?·

우륵은 왕의 명령을 받아 가야 여러 지역에서 사용되던 악기를 가야금의 모습으로 통일시켰고, 가야금 연주곡 12곡을 만들었어요. 그러다 가야가 어지러워지자 가야금을 들고 신라로 갔어요. 우륵의 가야금 연주에 감동한 신라 진흥왕은 우륵이 제자를 키울 수 있도록 도와주었답니다. 우륵은 신라에서도 음악 발전에 큰 공을 세웠어요.

오늘의 한 문장 ㅇ ㄹ 은 가야에서 가야금을 가지고 신라로 가서 음악 발전에 큰 공을 세웠다.

10월 31일 오늘은? 회계의 날

일제 강점기

· 오늘의 인물은? ·

정 세 권

 지금으로 말하면 **정세권**은 부동산 개발업자예요. 당시 종로 일대에는 상황이 어려워진 사람들이 내놓은 큰 한옥들이 많았어요. 정세권은 일본 사람들이 이를 사들여 이 지역을 차지할까 봐 걱정했죠. 그래서 큰 한옥을 사들여 크기는 작지만 살기 편한 한옥을 여러 채 지어 팔았어요. 정세권이 지은 신식 한옥은 날개 돋친 듯 팔렸고, 정세권은 큰 부를 이루었어요. 정세권은 민족 운동에도 적극 참여하여 물산 장려 운동, 신간회 등을 지원했고, 조선어 학회를 뒤에서 도와 새로운 회관을 지어 주기도 했어요.

오늘의 한 문장 ㅈ ㅅ ㄱ 은 신식 한옥을 지어 큰 부를 이루었으며 조선어 학회 등을 지원했다.

3월

통일 신라와 발해

10월 30일

일제 강점기

· 오늘의 인물은? ·

이 윤 재

우리말과 글, 역사에 관심이 많았던 이윤재는 주시경을 찾아가 자신의 뜻을 전하고 한글 연구를 시작했어요. 그러면서 학교에서 학생들을 가르치고 교육 운동에 적극 참여했죠. 이윤재는 우리말과 글을 지키기 위해 뒷날 조선어 학회로 이름을 바꾸는 조선어 연구회에 들어가 한글 연구와 보급에 앞장섰어요. 조선어 학회는 한글 맞춤법 통일안 등을 발표하고 우리말 사전을 만들고자 노력했는데, 이윤재는 여기에 참여하여 중요한 역할을 했답니다.

오늘의 한 문장 ㅇ ㅇ ㅈ 는 조선어 학회에서 한글 맞춤법 통일안을 만드는 데 참여했다.

3월 1일 — 삼일절

오늘은?

"만세! 만세! 대한 독립 만세!"

1919년 3월 1일, 민족 대표들이 모여 독립을 선언했어요. 같은 시각 학생들과 시민들은 탑골 공원에서 독립 선언서를 소리 내어 읽고 만세 운동을 벌였어요. 일제*의 가혹한 통치에 시달리던 많은 사람이 거리로 쏟아져 나와 대한 독립 만세를 외쳤어요. 일제는 평화적으로 만세 운동을 하는 사람들을 총칼로 무자비하게 진압했어요. 그럼에도 만세 운동은 전국 곳곳은 물론 해외로도 퍼져 나갔고, 전 세계에 우리의 독립 의지를 알릴 수 있었어요. 이를 기념하는 날이 삼일절이에요.

* **일제** '일본 제국주의'를 줄인 말로, 자기 나라의 이익을 위해 다른 나라를 침략한 일본을 일컬음

10월 29일

오늘은?
지방 자치 및 균형 발전의 날

▶ 일제 강점기

· 오늘의 인물은? ·

안 경 신

안경신은 3·1 운동을 계기로 독립운동에 몸을 바칠 것을 결심하고 친구들과 대한 애국 부인회를 만들었어요. 독립운동에 필요한 돈을 모아 대한민국 임시 정부에 보내다가 일제 경찰에 쫓겨 중국 상하이로 건너갔어요. 1920년, 광복군 총영이라는 독립군 부대가 한국을 방문하는 미국 의원단에 우리의 독립 의지를 보여 주기 위해 의거를 준비했어요. 안경신은 의거에 참여한 사람 중 한 명이었죠. 안경신과 무리들은 국내로 들어가 일제 경찰에 총을 쏘고, 평남도청 등 일제 통치 기관에 폭탄을 던졌어요. 당시 안경신은 임신한 몸이었죠. 이 일로 일제 경찰에 붙잡힌 안경신은 긴 시간 감옥살이를 했어요.

오늘의 한 문장

ㅇ ㄱ ㅅ 은 뜻을 같이하는 사람들과 함께 일제 통치 기관인 평남도청에 폭탄을 던졌다.

3월 2일

🏁 신라

• 오늘의 인물은? •

신 문 왕

　신문왕은 삼국 통일을 이룬 문무왕의 아들이에요. 신문왕이 왕이 된 지 얼마 되지 않아 장인* 김흠돌이 반란을 일으켰어요. 신문왕은 위기를 기회로 바꾸었어요. 반란을 진압한 후 힘센 귀족들을 내쫓고, 왕의 힘을 강화하는 방향으로 여러 제도를 정비했어요. 넓어진 땅을 효율적으로 다스리기 위해 전국을 9개의 주로 나누고 중요한 5곳에는 소경이라는 특별 행정 구역을 두었어요. 군사 조직은 9서당 10정으로 정비했죠. 또 능력 있는 사람을 키우기 위해 국학이라는 학교를 세웠답니다.

* 장인 아내의 아버지

오늘의 한 문장　신라 ㅅ ㅁ ㅇ 은 전국을 9주로 나누고 5소경을 두었으며 국학을 세웠다.

10월 28일

오늘은? 교정의 날

🚩 **일제 강점기**

· 오늘의 인물은? ·

지 청 천

  대한 제국 육군 무관 학교에 들어간 **지청천**은 학교가 없어지면서 일본으로 건너가 일본 육군 사관 학교를 졸업하고 군인으로 일했어요. 3·1 운동이 일어나자 지청천은 독립운동을 하기 위해 만주로 건너갔어요. 이회영 등이 세운 신흥 무관 학교에서 학생들을 가르치며 독립군을 기르는 데 힘을 다했어요. 이후 서로 군정서, 한국 독립군 등 독립군을 이끌며 일제에 맞서 싸웠죠. 대한민국 임시 정부가 만든 한국광복군의 총사령관을 맡아 미국의 지원으로 국내 진공 작전*도 준비했어요. 그러나 이 작전은 일제가 연합군에 항복하여 실행되지 못했어요.

* **국내 진공 작전** 국내로 들어가 일본과 전투를 벌일 계획

오늘의 한 문장   ㅈ ㅊ ㅊ 은 서로 군정서, 한국 독립군, 한국광복군을 이끌고 일제와 싸웠다.

3월 3일

오늘은? 납세자의 날 / 국립 공원의 날

신라

• 오늘의 인물은? •

김 대 성

경주에 대성이라는 소년이 어머니와 단둘이 살고 있었어요. 어느 날 승려가 하나를 시주*하면 만 배를 받을 수 있을 거라고 말했어요. 이에 대성은 전 재산인 밭을 시주했지만 곧 죽고 말았어요. 그날 밤, 김문량의 집에서 "대성이란 아이를 너희 집에 맡기노라."라는 소리가 들렸어요. 얼마 뒤 김문량의 아내는 아들을 낳았고 이름을 **김대성**이라 했어요. 대성은 커서 이전 삶의 부모를 위해 석굴암을, 지금 삶의 부모를 위해 불국사를 세웠다고 합니다.

*시주 절이나 승려에게 물건을 베풀어 주는 일

경주 석굴암 석굴(본존불)
ⓒ 국가유산청

경주 불국사 삼층석탑
ⓒ 국가유산청

오늘의 한 문장 ㄱ ㄷ ㅅ 은 경주 석굴암 석굴과 경주 불국사를 세웠다고 한다.

10월 27일

 일제 강점기

· 오늘의 인물은? ·

김 용 환

 안동에서 소문난 노름꾼* 김용환은 대대로 물려 내려오던 엄청난 재산을 노름으로 날렸어요. 그것으로도 모자라 하나뿐인 딸이 시집갈 때 시댁에서 장롱을 사라고 보내 준 돈마저 가져가 노름을 했어요. 김용환은 광복 이듬해에 세상을 떠났어요. 그리고 밝혀진 진실. 김용환이 노름으로 날렸다고 알려진 돈은 독립운동가들에게 보내졌어요. 김용환은 일제의 눈을 피하기 위해 노름꾼 노릇을 하며 독립운동에 필요한 돈을 보낸 것이죠. 모든 것을 알고 있던 친구가 사실을 밝히라고 하자 그는 선비로서 마땅히 할 일을 했을 뿐이라고 말했답니다.

*노름 돈이나 재물 등을 걸고 서로 내기를 하는 일

독립군 자금 위해 그 많던 천석 재산 다 바쳐도 모자라서 하나뿐인 외동딸 시가에서 보낸 농값, 그것마저 바쳤구나. 그러면 그렇지 우리 아배 참봉 나으리.

― 김용환의 딸 김후웅의 시 중에서

오늘의 한 문장 ㄱ ㅇ ㅎ 은 일제의 눈을 속이며 독립운동에 필요한 돈을 지원했다.

3월 4일

신라

• 오늘의 인물은? •

당으로 불교를 공부하러 가기 위해 길을 떠난 <u>원효</u>는 하룻밤을 동굴에서 지냈어요. 목이 말라 어둠 속에서 주변을 더듬어 바가지에 든 물을 맛있게 마셨죠. 다음 날 아침에 보니 그 물은 해골에 든 썩은 물이었어요. 깜짝 놀란 원효는 모든 것은 마음에 달려 있다는 깨달음을 얻은 뒤 당으로 가는 것을 그만두었다는 이야기가 전해져요. 원효는 『십문화쟁론』 등 수많은 불교 관련 책을 쓰고 큰 가르침을 남겼어요. 또 「무애가」라는 노래를 지어 불러 일반 백성에게 불교를 전하기 위해 애썼답니다.

오늘의 한 문장 ㅇ ㅎ 는 「무애가」를 지어 불러 일반 백성에게 불교를 전하기 위해 애썼다.

10월 26일

> 일제 강점기

• 오늘의 인물은? •

김 병 로

　어려서 유학을 공부한 **김병로**는 거기서 만족하지 않고 새로운 학문을 배웠어요. 일본으로 가서 법을 공부하고 돌아왔죠. 김병로는 3·1 운동 후에 판사가 되어 부산에서 일했지만 1년 만에 판사를 그만두고 변호사가 되었어요. 김병로는 뜻을 같이하는 사람들과 함께 일하며 돈을 받지 않고 김상옥, 안창호 등 독립운동가들의 변호를 맡았으며, 감옥에 갇힌 독립운동가들을 뒷바라지했어요. 광복 후에는 제1, 2대 대법원장을 맡아 대한민국 법체계 확립을 위해 힘썼어요.

이의 있습니다.

오늘의 한 문장: ㄱ ㅂ ㄹ 는 독립운동가들의 변호를 맡았으며, 대한민국 첫 번째 대법원장을 지냈다.

3월 5일

> 신라

· 오늘의 인물은? ·

의 상

신라의 승려 의상은 당으로 공부하러 떠났어요. 그곳에서 지엄이라는 유명한 승려에게 화엄 사상을 배웠어요. 화엄 사상은 서로 간의 조화를 강조하는 불교 가르침의 하나예요. 당에서 공부하고 신라로 돌아온 의상은 자신이 공부한 화엄 사상을 신라에 퍼뜨리며 신라 화엄종을 만들었고 화엄 사상의 핵심을 담은 「화엄일승법계도」를 지었어요. 또 부석사 등 많은 절을 세우고 수많은 제자를 길러 냈어요.

오늘의 한 문장 승려 ㅇ ㅅ 은 신라에 화엄 사상을 널리 퍼뜨렸다.

10월 25일

일제 강점기

• 오늘의 인물은? •

조소앙

조소앙은 대한 제국 유학생으로 뽑혀 일본에 가서 법학을 공부했어요. 이 시절의 법학 공부가 뒷날 대한민국 임시 정부의 첫 번째 헌법인 임시 헌장을 만들 때 큰 도움이 되었죠. 나라를 빼앗긴 뒤 중국에서 독립운동을 하던 조소앙은 대한민국 임시 정부가 세워질 때부터 함께해 외교 분야를 맡아 다양한 활동을 했어요. 조소앙은 정치, 경제, 교육의 균등*을 통해 개인과 개인, 민족과 민족, 국가와 국가 사이를 모두 평등하게 하자는 삼균주의를 주장했는데, 이는 대한민국 임시 정부에서 발표한 건국 강령의 기초가 되었어요. 건국 강령은 우리가 나라를 되찾고 세울 새 나라의 방향을 보여 주는 것이에요.

> 정치, 경제, 교육의 균등 제도와 개인과 개인, 민족과 민족, 국가와 국가 간의 호혜 평등으로 민주 국가 건설하자!

* **균등** 고르고 가지런하여 차별이 없음

오늘의 한 문장 ㅈ ㅅ ㅇ 은 대한민국 임시 정부에서 외교 전문가로 활동했으며 삼균주의를 주장했다.

3월 6일

> 신라

• 오늘의 인물은? •

강 수

"도대체 이 외교* 문서를 해석할 사람이 없단 말인가!" 태종 무열왕은 몹시 당황스러웠어요. 이때 **강수**라는 신하가 나섰죠. 강수는 유학*으로 이름 높은 사람이었어요. 강수는 당에서 신라로 보낸 외교 문서에서 어려운 부분을 정확히 해석했을 뿐 아니라 답장도 멋들어지게 썼어요. 강수는 외교 문제를 다루는 일을 맡아보며 그 공을 인정받아 문무왕으로부터 상을 받았어요.

* **외교** 다른 나라와 정치, 경제, 문화적으로 관계를 맺는 일
* **유학** 공자의 가르침을 따르며 나라에 충성하고 부모에게 효도하는 것을 중요시하는 학문과 사상

오늘의 한 문장 신라의 ㄱ ㅅ 는 유학을 공부한 학자로, 외교 문서를 다루는 데 뛰어났다.

10월 24일

오늘은?
국제 연합일

🚩 **일제 강점기**

• 오늘의 인물은? •

안 희 제

  평생 사업가로 잘살 수 있었던 <u>안희제</u>는 독립운동에 삶을 바쳤어요. 만주와 시베리아를 다니며 독립운동을 하다가 국내로 돌아와 백산 상회라는 무역 회사를 차렸고 제법 크게 키웠어요. 백산 상회를 통해 독립운동에 필요한 돈을 마련하여 대한민국 임시 정부에 전달하고, 독립운동 단체의 연락소로 삼았죠. 독립운동에 큰돈을 쓰며 어려움을 겪던 중에 백산 상회가 독립운동에 돈을 댄다는 사실을 알게 된 일제의 탄압을 받아 백산 상회는 문을 닫았어요. 이후 안희제는 만주로 건너가 독립운동을 이어 갔어요.

백산 상회 안희제입니다.

오늘의 한 문장 ㅇ ㅎ ㅈ 는 백산 상회를 세워 독립운동에 필요한 돈을 마련했다.

3월 7일

신라

• 오늘의 인물은? •

설총은 원효와 태종 무열왕의 딸인 요석 공주 사이에서 태어났어요. 어려서부터 학문이 뛰어났고 글을 잘 짓기로 유명했죠. 신문왕은 설총을 옆에 두고 도움이 되는 이야기를 해 달라고 청했어요. 설총은 꽃들의 왕 모란이 듣기 좋은 말만 하는 장미와 바른말을 하는 할미꽃 사이에서 고민하는 모습을 보고 할미꽃이 나무라자 왕이 잘못을 깨달았다는 이야기를 신문왕에게 해 주었어요. 이 이야기가 「화왕계」예요. 이를 통해 설총은 신문왕에게 바른 신하를 가까이할 것을 권했어요. 또 설총은 이두*를 정리했어요.

* **이두** 신라에서 고유의 글자가 없어 한자의 음과 뜻을 빌려 우리말을 적은 방법

오늘의 한 문장 신라의 ㅅ ㅊ 은 「화왕계」를 짓고 이두를 정리했다.

10월 23일

일제 강점기

· 오늘의 인물은? ·

박 상 진

　의병장 출신 허위 밑에서 공부한 **박상진**은 판사 시험에 합격했지만 이를 포기하고 독립운동에 나섰어요. 대구에서 곡물 가게인 상덕태상회를 세워 독립운동가들의 연락소*로 삼았죠. 뜻을 같이하는 사람들과 대한 광복회라는 독립운동 단체도 만들었어요. 대한 광복회는 나라를 되찾기 위해 만주에 무관 학교를 만들어 독립군을 길러 내 일제와 전쟁을 치르겠다는 목표를 세우고 돈을 모았어요. 이에 협력하지 않거나 일제에 빌붙어 재산을 모은 친일 부자들을 처단하기도 했죠.

*연락소 연락하기 위하여 정해 둔 곳

오늘의 한 문장　ㅂ　ㅅ　ㅈ 은 대한 광복회를 만들어 독립운동에 앞장섰다.

3월 8일

오늘은?
3·8 민주 의거 기념일 / 여성의 날

🚩 신라

• 오늘의 인물은? •

김 대 문

　고구려, 백제, 신라 모두 자신의 역사를 책으로 남겼지만 지금은 전하지 않아요. 그래서 고려 시대에 나온『삼국사기』와『삼국유사』가 무척 중요하죠. 그런데 이 두 책에는 이런 말이 종종 나와요. '**김대문**이 말하기를~' 김대문은 신라의 귀족으로, 신라의 전통문화와 제도를 담은『계림잡전』, 유명한 승려의 삶을 정리한『고승전』, 신라 화랑에 대한 책인『화랑세기』등의 책을 지었다고 해요. 하지만 아쉽게도 지금까지 남아 있는 것은 없고 일부 내용만『삼국사기』와『삼국유사』를 통해 전해지고 있어요.

오늘의 한 문장　신라의 ㄱ ㄷ ㅁ 은『계림잡전』,『화랑세기』등의 책을 지었다.

10월 22일

> 일제 강점기

•오늘의 인물은?•

조 만 식

조만식은 일제에 맞서 민족의 실력을 키우기 위한 운동을 이끌었어요. 우리 민족이 만든 물건을 쓰면 우리 민족 기업이 발전하고 그러면 일본으로부터 경제적으로 독립할 수 있다고 생각하여 평양에서 물산 장려 운동을 시작했어요. '조선 사람 조선 것', '내 살림 내 것으로' 등의 구호를 내걸고 전개된 물산 장려 운동은 사람들의 호응 속에 전국으로 퍼져 나갔어요.

우리가 만든 것을 씁시다!

오늘의 한 문장 ㅈ ㅁ ㅅ 은 평양에서 물산 장려 운동을 시작했다.

3월 9일

> 신라

•오늘의 인물은?•

김 생

  명필은 글씨를 잘 쓰기로 이름난 사람을 말해요. 신라의 명필을 꼽는다면 **김생**을 들 수 있어요. 김생은 어려서부터 글씨를 잘 썼으며 평생을 서예*에 힘써 80이 넘은 나이에도 붓을 놓지 않았다고 해요. 김생의 뛰어난 실력을 알 수 있는 이야기가 전해집니다.

  김생이 세상을 떠나고 시간이 한참 흐른 고려 시대에 한 관리가 중국 송에 김생의 작품을 들고 갔더니, 중국 사람들이 그의 글씨를 보고 중국 제일의 서예가로 손꼽히는 왕희지의 글씨로 착각했다고 해요.

* **서예** 붓으로 글씨를 쓰는 예술

오늘의 한 문장 ㄱ ㅅ 은 신라를 대표하는 서예가이다.

10월 21일 오늘은? 경찰의 날

> 일제 강점기

· 오늘의 인물은? ·

<u>신채호</u>는 을지문덕이나 이순신 같이 다른 나라의 침략으로부터 나라를 구한 영웅의 이야기를 책으로 펴내 민족의식을 일깨우려 했어요. 또 우리 역사를 연구하여 글을 썼는데, 그가 남긴 대표적인 역사책이 『조선사연구초』, 『조선상고사』입니다. 나라를 빼앗은 일제는 우리 민족은 스스로 발전할 힘이 없다는 등의 주장을 하며 우리 역사를 왜곡*했어요. 신채호는 이에 맞서 일제의 주장이 틀렸음을 밝히고 우리 역사가 자주적으로 발전했음을 알리기 위해 역사를 연구했어요.

*왜곡 사실과 다르게 해석하거나 그릇되게 하는 것

을지문덕, 이순신 같은 영웅이 나와야 해.

오늘의 한 문장 ㅅ ㅊ ㅎ 는 민족의식을 일깨우는 영웅의 전기와 『조선사연구초』, 『조선상고사』 등의 역사책을 썼다.

3월 10일

🚩 신라

· 오늘의 인물은? ·

솔 거

　솔거가 황룡사에 갔는데 빈 벽이 있어서 이유를 물었더니, 한 승려가 "꿈에 부처님이 나타날 때가 되면 화가가 찾아와 그림을 그릴 것이라 하여 남겨 두었습니다."라고 했어요. 그 말을 들은 솔거는 벽에다 멋진 소나무를 그렸고, 이 그림이 「노송도」예요. 그림이 완성되자 진짜 소나무인 줄 알고 새들이 가지에 앉으려 날아오다 벽에 부딪혀 떨어졌대요. 시간이 지나 그림이 흐려져 덧칠하자 더 이상 새가 날아오지 않았다니, 솔거의 그림 솜씨가 짐작이 가죠?

오늘의 한 문장　ㅅㄱ 는 신라를 대표하는 화가로, 황룡사에 「노송도」를 그렸다고 한다.

10월 20일

일제 강점기

• 오늘의 인물은? •

차 미 리 사

차미리사는 어렸을 때 원하던 아들이 아니라 섭섭하다고 '섭섭이'라고 불렸대요. 남편이 죽은 뒤 교회에 다니기 시작했고 그때 받은 세례명이 '미리사'예요. 선교사의 도움으로 중국과 미국에서 유학하고 돌아온 뒤 학생들에게 새로운 학문과 민족의식을 가르쳤어요. 차미리사는 차별받는 여성에게 교육의 기회를 제공하기 위해 여자 야학 강습소*를 운영했고, 근화 학원을 세웠어요. 근화 학원은 뒷날 '덕성 학원'으로 이름을 바꾸었어요.

* **야학 강습소** 밤에 학생들을 가르쳤던 곳

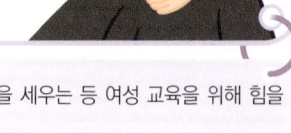

살되, 네 생명을 살아라
생각하되, 네 생각으로 하여라
알되, 네가 깨달아 알아라

오늘의 한 문장 ㅊ ㅁ ㄹ ㅅ 는 일제 강점기에 근화 학원을 세우는 등 여성 교육을 위해 힘을 쏟았다.

3월 11일

오늘은? 흙의 날

신라

• 오늘의 인물은? •

경 덕 왕

경덕왕은 불교와 문화 발전에 힘을 쏟았어요. 아버지 성덕왕의 어진 덕과 업적을 기리기 위해 성덕 대왕 신종을 만들기 시작했어요. 에밀레종이라고도 불리는 성덕 대왕 신종에는 연꽃과 용무늬, 하늘을 나는 선녀 등이 생동감 있게 조각되어 있어요. 김대성이 경주 불국사와 경주 석굴암 석굴을 만들기 시작한 때도 경덕왕 시기라고 알려져 있어요.

아버지를 위해 종을 만들겠다!

오늘의 한 문장 신라 ㄱㄷㅇ 은 아버지 성덕왕을 위해 성덕 대왕 신종을 만들기 시작했다.

10월 19일

일제 강점기

· 오늘의 인물은? ·

김 창 숙

유학자 **김창숙**은 3·1 운동이 일어나자 유생들의 뜻을 모아 한국의 독립을 호소하는 편지를 파리 강화 회의에 보냈어요. 이후 중국 상하이로 가서 대한민국 임시 정부에서 활동하며 국내로 들어가 독립운동에 필요한 돈을 모았어요. 이 돈으로 동양 척식 주식회사에 폭탄을 던진 나석주의 의거를 지원했죠. 김창숙은 결국 일제 경찰에 붙잡혀 모진 고문 끝에 두 다리를 쓰지 못하게 됐어요. 광복 이후에는 성균관 대학교의 설립을 이끌고 학장을 지냈으며, 이승만의 독재 정치*에 항의하는 등 올곧은 선비로 살다 세상을 떠났어요.

* **독재 정치** 민주적인 절차가 아닌 통치자가 모든 일을 혼자서 판단하고 결정하는 정치

이 돈으로 큰일을 해 주시오.

오늘의 한 문장 ㄱ ㅊ ㅅ 은 대한민국 임시 정부에서 활동했으며 나석주의 의거를 지원했다.

3월 12일

> 신라

· **오늘**의 인물은? ·

혜 초

신라에서 당으로 불교를 공부하기 위해 떠나는 승려들이 종종 있었어요. 혜초도 그중 한 명이에요. 그런데 혜초는 당에서 멈추지 않고 인도까지 갔답니다. 혜초가 인도에서 보고 느낀 것을 적은 책이 『왕오천축국전』이에요. 책 이름이 어렵다고요? '왕(往)'은 가다, '오(五)'는 다섯, '천축국(天竺國)'은 인도, '전(傳)'은 책을 의미해요. 인도의 다섯 나라를 갔다 온 기록이라는 뜻이죠. 당시 인도와 그 주변 나라에 대한 정보를 담고 있어 세계적인 가치가 있는 책입니다.

오늘의 한 문장 신라의 승려 ㅎ ㅊ 는 『왕오천축국전』을 지었다.

10월 18일

일제 강점기

· 오늘의 인물은? ·

한 용 운

한용운은 승려이자 시인이자 독립운동가였어요. 불교 개혁 운동을 폈고, 『님의 침묵』이라는 시집을 냈죠. 3·1 운동 당시에는 민족 대표 33인 중 한 명으로 만세 운동을 이끌었어요. 한용운은 신간회 등에 참여하여 다양한 독립운동을 벌였어요. 조선 총독부를 마주하지 않기 위해 북쪽을 향해 집을 지었다니 한용운이 얼마나 간절히 독립을 원했는지 짐작할 수 있어요. 하지만 안타깝게도 한용운은 광복을 1년여 앞두고 숨을 거두었어요.

고종 황제 장례일 즈음에 만세 운동을 벌입시다.

오늘의 한 문장 3·1 운동 당시 민족 대표였던 ㅎ ㅇ ㅇ 은 『님의 침묵』이라는 시집을 펴냈다.

3월 13일

신라

· 오늘의 인물은? ·

월 명 사

신라에는 향가라는 시가 있었어요. 신라에는 고유의 글자가 없어서 향가는 한자의 음과 뜻을 빌려 우리말을 적는 방법으로 표현되었어요. 지금까지 전해 오는 향가 중 유명한 것이 **월명사**라는 승려가 지은 「제망매가」예요. '죽은 누이를 제사 지내며 부르는 노래'라는 뜻이죠. "어느 가을 이른 바람에 떨어지는 잎처럼 한 가지에 나고 가는 곳 모르는구나."라며 일찍 죽은 누이에 대한 애달픈 마음을 표현했어요.

오늘의 한 문장 | ㅇ ㅁ ㅅ 는 우리나라 고유의 시인 향가를 잘 지어 「제망매가」를 남겼다.

10월 17일

일제 강점기

· 오늘의 인물은? ·

안 창 호

　양기탁 등과 함께 신민회를 만든 <u>안창호</u>는 교육의 중요성을 깨닫고 평양에 대성 학교를 세워 인재를 길렀어요. 나라를 빼앗기자 미국으로 건너가 대한인 국민회를 이끌고 흥사단을 만들었어요. 민족의 실력을 기르는 활동에 앞장서며 독립을 위해 다양한 활동을 벌였죠. 안창호는 3·1 운동이 일어나자 중국 상하이로 가서 대한민국 임시 정부에서도 큰 역할을 했어요. 미국과 중국을 오가며 독립운동을 하던 안창호는 일제 경찰에 붙잡혀 감옥살이를 하다가 병으로 목숨을 잃었어요. 지금은 안창호를 기리기 위해 만들어진 도산 공원에 부인과 함께 묻혀 있어요.

오늘의 한 문장 ── ㅇ ㅊ ㅎ 는 대성 학교를 세웠으며 미국에서 흥사단을 만들었다.

3월 14일

🚩 신라

· 오늘의 인물은? ·

혜공왕은 아버지 경덕왕이 세상을 떠나자 8살의 어린 나이에 왕이 되었어요. 아버지가 만들기 시작한 성덕 대왕 신종을 완성했죠. 혜공왕은 계속된 귀족들의 반란에 시달리다 결국 목숨을 잃었어요. 무열왕 이후 무열왕의 자손이 왕위를 이었는데, 혜공왕을 끝으로 무열왕 자손의 왕위 계승*이 끊어졌지요. 이후 150여 년 동안 왕이 20여 명이나 바뀌는 등 혼란이 이어졌어요.

* **왕위 계승** 임금의 자리를 이어받음

혜공왕이 죽임을 당하면서 무열왕 자손의 왕위 계승이 끝났어요.

오늘의 한 문장 신라 ㅎ ㄱ ㅇ 을 끝으로 무열왕 자손의 왕위 계승이 끊어졌다.

10월 16일

오늘은?
부마 민주 항쟁 기념일

> 일제 강점기

• 오늘의 인물은? •

주 시 경

　서당에서 공부하던 **주시경**은 소리 나는 대로 쓸 수 있는 우리글이 있는데 왜 한자를 배워야 하는지 의문이었어요. 이러한 생각은 한글의 우수성을 알려 주는 헐버트를 만나며 더 단단해졌죠. 주시경은 순한글 신문인 『독립신문』에서 일하며 한글 맞춤법을 정리하고 통일할 필요성을 느껴 한글 연구에 힘썼어요. 또 서울 곳곳의 학교를 다니며 학생들에게 한글을 가르쳤는데, 큰 보자기에 책을 넣고 다녀 '주보따리'라는 별명을 얻었어요. 주시경은 지석영과 함께 국문 연구소에 참여하여 한글의 체계와 표기법 등을 연구했어요. 그동안 한글을 연구한 것을 바탕으로 『국어문법』, 『말의 소리』 등의 책을 썼어요.

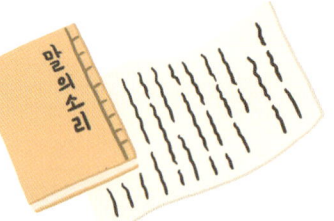

오늘의 한 문장 　한글 연구에 앞장선 ㅈ ㅅ ㄱ 은 『국어문법』, 『말의 소리』 등의 책을 썼다.

3월 15일

오늘은? 3·15 의거 기념일

🏳 신라

• 오늘의 인물은? •

원 성 왕

원성왕은 능력 있는 사람을 관리로 뽑기 위해 독서삼품과를 마련했어요. 앞서 신문왕이 능력 있는 사람을 길러 내기 위해 국학을 세웠잖아요? 원성왕은 이 국학의 학생들을 대상으로 독서 능력을 평가하여 능력이 뛰어난 사람을 관리로 삼고자 했어요. 독서 능력을 상품, 중품, 하품으로 구분하여 독서삼품과라고 합니다.

오늘의 한 문장 신라 ㅇ ㅅ ㅇ 은 독서삼품과를 마련했다.

10월 15일

오늘은? 스포츠의 날 / 여성 농업인의 날

🏁 **일제 강점기**

· 오늘의 인물은? ·

노 백 린

노백린은 대한 제국의 군인으로, 대한 제국 육군 무관 학교의 교장을 지냈어요. 대한 제국의 군대가 강제로 해산된 뒤에는 민족의 실력을 기르는 운동에 참여했어요. 나라를 빼앗겨 활동이 어려워지자, 노백린은 미국 하와이로 가서 독립군을 키우기 위해 힘썼어요. 대한민국 임시 정부에서는 군사 일을 맡아보는 군무총장을 맡았죠. 일찍부터 공군의 중요성을 알았던 노백린은 김종림 등의 지원을 받아 미국 윌로우스에 독립군 비행사를 키우기 위해 한인 비행 학교를 세웠어요. 한인 비행 학교는 대한민국 공군의 뿌리라고도 할 수 있지요.

앞으로의 승리는 하늘을 지배하는 자에게 있다!

오늘의 한 문장   ㄴ ㅂ ㄹ 은 미국에서 독립군 비행사를 길러 내고자 한인 비행 학교를 세웠다.

3월 16일

> 신라

• 오늘의 인물은? •

김 헌 창

김헌창의 아버지는 왕이 될 후보 중 하나였으나 김경신(훗날 원성왕)에 밀려 왕이 되지 못했어요. 이에 김헌창은 불만을 품고 있었죠. 게다가 지방에서 관리로 일하며 먹을 것이 없어 굶주리는 백성의 삶을 보게 되었어요. 김헌창은 더 이상 신라에 희망이 없다고 생각하고 새 나라를 세우고자 반란을 일으켰어요. 나라 이름은 '장안'이라고 지었어요. 그러나 반란을 진압하러 온 군대에 패했고 김헌창은 스스로 목숨을 끊었어요.

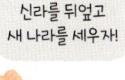

신라를 뒤엎고 새 나라를 세우자!

오늘의 한 문장 ㄱ ㅎ ㅊ 은 아버지가 왕이 되지 못한 것에 불만을 품고 반란을 일으켰다.

10월 14일

일제 강점기

· 오늘의 인물은? ·

대한 제국의 군인이었던 **이동휘**는 군대가 강제로 해산되자 강화도에서 의병을 조직하려다 붙잡혔어요. 그 뒤 신민회에 들어가 항일 운동을 벌이다 감옥에 갇혔죠. 군인 출신이지만 교육 사업에도 관심이 많아 여러 학교를 세웠어요. 나라를 빼앗긴 뒤에는 연해주에서 이상설 등과 함께 대한 광복군 정부를 세워 독립운동을 했어요. 3·1 운동 이후에 대한민국 임시 정부가 세워지자 이동휘는 첫 번째 국무총리*가 되었어요.

* **국무총리** 대통령을 도와 정부의 각부를 관리하는 등 나랏일을 함

대한민국 임시 정부의 첫 번째 국무총리입니다.

오늘의 한 문장 ㅇ ㄷ ㅎ 는 대한민국 임시 정부의 첫 번째 국무총리를 지냈다.

3월 17일

> 신라

• 오늘의 인물은? •

장보고

신라에서 낮은 신분이었던 **장보고**는 성공하기 위해 당으로 떠났어요. 무술 실력이 뛰어났던 장보고는 당에서 군인으로 성공했죠. 하지만 해적에 잡혀 노예로 팔려 온 신라 사람들을 보고는 돌아가기로 결심했어요. 신라로 돌아온 장보고는 흥덕왕에게 요청하여 완도에 군사 기지인 청해진을 두었어요. 군사를 이끌고 가서 해적을 없애고 신라, 당, 일본을 연결하는 바다를 관리했어요. 장보고의 노력으로 해적이 없어지자 무역이 활발해졌고, 장보고는 신라뿐 아니라 당과 일본에서도 유명해졌답니다.

* **해적** 배를 타고 다니면서 재물을 빼앗는 도둑
* **무역** 나라와 나라 사이에 물건을 사고파는 일

오늘의 한 문장: ㅈ ㅂ ㄱ 는 완도에 청해진을 두고 해적을 없애 버렸다.

10월 13일

일제 강점기

· 오늘의 인물은? ·

남 자 현

 의병 활동을 하던 남편이 죽고 홀로 아들을 키우던 **남자현**은 3·1 운동이 일어나자 독립운동을 하기로 결심하고 아들과 함께 만주로 떠났어요. 40을 훨씬 넘긴 나이였죠. 만주에서 서로 군정서라는 독립군에 들어가 뒷바라지를 하며 '독립군의 어머니'로도 불렸어요. 여자 권학회를 만들어 계몽 활동에도 힘썼어요. 남자현은 1925년에 국내로 들어와 조선 총독을 처단하려 했으나 실패하고 다시 만주로 돌아갔어요. 그 뒤 국제 연맹 조사단이 하얼빈에 오자 손가락을 잘라 그 피로 편지를 써 전달해 우리의 독립을 호소했어요.

오늘의 한 문장 '독립군의 어머니'로도 불린 ㄴ ㅈ ㅎ 은 조선 총독을 처단하려 했다.

3월 18일

신라

• 오늘의 인물은? •

진 성 여 왕

진성 여왕은 왕이 된 뒤 1년 동안 세금을 거두지 않는 정책을 펼치며 나라를 안정시키려 했어요. 그러나 아끼는 신하 위홍이 죽은 뒤부터 나랏일을 멀리했고, 이를 틈타 귀족들이 백성을 쥐어짜기 시작했어요. 게다가 농사마저 잘되지 않아 세금이 잘 걷히지 않았어요. 나라의 창고가 비자 백성에게 세금을 빨리 내라고 다그쳤고 이에 시달린 농민들이 봉기*를 일으켰어요. 원종과 애노의 봉기를 시작으로 전국에서 농민들의 봉기가 잇달았어요.

*봉기 많은 사람이 지배하는 세력에 맞서 무리 지어 들고일어나는 것

오늘의 한 문장 신라 ㅈ ㅅ ㅇ ㅇ 때 원종과 애노의 봉기 등 농민들의 봉기가 잇달았다.

10월 12일

일제 강점기

• 오늘의 인물은? •

이동녕은 독립 협회에서 활동했으며, 을사늑약 체결에 맞서 반대 운동을 벌였어요. 민족 교육을 위해 이상설 등과 함께 만주에 서전서숙이라는 학교를 세우기도 했죠. 국내로 돌아와 신민회를 만드는 데 힘을 보탰고, 나라를 빼앗긴 뒤에는 다시 만주로 가서 이회영 등과 함께 신흥 강습소를 세우고 첫 번째 교장이 되었어요. 또 대한민국 임시 정부의 의회에 해당하는 임시 의정원의 첫 의장이 되어 대한민국 임시 정부의 헌법을 만드는 일에 중요한 역할을 했어요. 이동녕은 대한민국 임시 정부가 상하이를 떠나 이곳저곳으로 옮겨 다닌 어려운 시기에 대한민국 임시 정부를 실질적으로 이끌며 숨을 거두는 마지막 순간까지 독립운동에 힘썼어요.

오늘의 한 문장 ㅇ ㄷ ㄴ 은 대한민국 임시 정부 임시 의정원의 첫 번째 의장을 지냈다.

3월 19일

오늘은? 의용 소방대의 날

🚩 신라

• 오늘의 인물은? •

최 치 원

최치원은 귀족이지만 최고 벼슬에는 오를 수 없었어요. 이러한 한계를 벗어나기 위해 당으로 갔고, 그곳에서 글을 잘 지어 이름을 떨쳤어요. 하지만 최치원은 신라를 위해 일하고 싶다는 생각에 돌아왔어요. 당시 신라는 나라가 혼란하고 농민들의 봉기가 이어지는 어지러운 상황이었어요. 최치원은 진성 여왕에게 신라 사회를 바로잡기 위한 방법으로 「시무 10여 조」를 올렸지만 귀족들의 반대로 뜻을 이루지 못했어요.

오늘의 한 문장 ㅊ ㅊ ㅇ 은 신라 진성 여왕에게 「시무 10여 조」를 올렸다.

10월 11일

일제 강점기

· 오늘의 인물은? ·

홍 범 도

평범한 포수*였던 **홍범도**는 일본이 의병 활동을 막기 위해 사람들이 가진 총을 거두어들이자, 동료들과 함께 의병 활동을 시작했어요. 나라를 빼앗긴 뒤에는 만주로 건너가 독립군을 키우며 일본군을 공격했죠. 1920년 6월, 홍범도는 대한 독립군을 이끌고 일본군을 봉오동 골짜기로 꾀어내어 독립군에게 승리를 안겨 주었어요. 4개월 뒤에는 김좌진이 이끄는 북로 군정서와 함께 청산리 일대에서 수천 명의 일본군을 상대로 큰 승리를 거두었어요. 그러나 홍범도는 옛 소련의 정책에 따라 연해주에 살던 한국인들과 함께 중앙아시아의 카자흐스탄으로 강제로 옮겨져 그곳에서 세상을 떠났어요.

*포수 총으로 짐승을 잡는 사냥꾼

오늘의 한 문장   ㅎ ㅂ ㄷ 는 대한 독립군을 이끌고 봉오동 전투에서 일본군에 승리를 거두었다.

3월 20일

🚩 신라

• 오늘의 인물은? •

도선

도선은 승려로 신라에 풍수지리설을 들여와 퍼뜨린 사람으로 알려져 있어요. 풍수지리설은 산이나 땅의 모양, 방위 등이 사람에게 좋고 나쁜 영향을 미친다는 주장으로, 우리 생활에 큰 영향을 끼쳤어요. 풍수지리설에 능한 도선은 어느 날 지금의 개성인 송악에서 집을 짓는 사람을 보고 집의 모양만 바꾸면 귀한 사람이 태어날 자리라고 말했어요. 집주인이 이를 받아들여 집을 고쳐 지었고, 이 집에서 뒤에 고려를 세우는 왕건이 태어났다고 합니다.

오늘의 한 문장 승려 ㄷㅅ 은 풍수지리설을 신라에 들여왔다고 알려져 있다.

10월 10일

오늘은?
임산부의 날 / 정신 건강의 날 / 여성 어업인의 날

일제 강점기

· 오늘의 인물은? ·

일찍 새로운 학문을 접한 **이회영**은 노비에게도 존댓말을 썼으며 아버지가 돌아가신 뒤에는 노비들을 자유롭게 풀어 주었다고 해요. 나라를 빼앗기자 이회영과 다섯 형제들은 큰 결정을 내렸어요. 이회영의 집안은 아주 부유했는데, 재산을 모두 팔아 독립운동을 위해 만주로 옮겨 가기로 한 거예요. 이들은 만주 삼원보로 가서 독립군을 길러 내고자 신흥 강습소(훗날 신흥 무관 학교)를 세웠어요. 중국에서 독립운동을 하던 이회영은 일제 경찰에 붙들린 뒤 모진 고문을 받아 광복을 보지 못한 채 세상을 떠났어요.

우리 만주로 가서 독립운동을 합시다.

오늘의 한 문장   ㅇ ㅎ ㅇ 과 형제들은 전 재산을 팔아 만주로 간 뒤 신흥 강습소를 세웠다.

3월 21일

오늘은?
암 예방의 날

▶ 신라

• 오늘의 인물은? •

견 훤

　신라 말 귀족들이 서로 왕이 되고자 다투면서 나라가 혼란스러웠고 지방에서는 새롭게 힘 있는 세력이 나타났어요. 이들은 군사력과 경제력을 갖추고 각 지역을 다스렸는데, 이들을 호족이라고 해요. 호족 중 힘을 키워 나라를 세운 사람이 **견훤**과 궁예입니다. 견훤은 옛 백제 땅에서 백제를 이었음을 내세우며 나라를 세웠고 나라 이름도 '후백제'라고 했어요. 견훤은 나라의 힘을 키워 나갔으나, 큰아들 신검에게 왕의 자리를 빼앗기고 고려로 도망쳐 왕건에게 도움을 청했어요.

오늘의 한 문장　ㄱ ㅎ 은 후백제를 세웠다.

오늘은? 10월 9일 한글날

세종이 훈민정음을 만들어 세상에 널리 알린 것을 기념하고, 우리 글자 한글의 우수성을 기리기 위한 국경일이 한글날입니다. 처음으로 한글날을 정한 것은 일제 강점기인 1926년이에요. 당시에는 음력 9월 29일로 이름도 '가갸날'이라고 했어요. 2년 뒤에 가갸날을 '한글날'로 바꾸었어요. 한글날의 날짜는 여러 차례 바뀌었는데, 광복 이후 세종이 훈민정음을 반포한 것으로 추정되는 날짜를 양력으로 바꾸어 10월 9일로 정하고 지금까지 유지되고 있어요.

* **일제 강점기** 일본에 의해 우리나라의 국권을 빼앗긴 1910년부터 1945년 광복되기까지의 시기

3월 22일

> 신라

· 오늘의 인물은? ·

신라의 왕자였던 **궁예**는 태어나 얼마 되지 않아 버림받았는데, 그 과정에서 한쪽 눈을 잃었다고 해요. 어렸을 적 승려가 되었다가 절에서 내려와, 양길이라는 큰 도적 아래에 들어가 많은 공을 세웠어요. 힘을 키운 궁예는 양길을 없애고 우두머리가 되었고, 지방 호족들의 지원을 받아 송악에서 후고구려를 세웠어요. 그러나 궁예가 백성을 가혹하게 다스리자 신하들은 궁예를 내쫓고 왕건을 왕으로 내세웠어요. 왕건은 나라 이름을 '고려'라고 했어요.

고구려 부흥

오늘의 한 문장   ㄱㅇ 는 후고구려를 세웠다.

10월 8일

오늘은?
재향 군인의 날

> 일제 강점기

· 오늘의 인물은? ·

장사에 재능을 보인 <u>이승훈</u>은 사업가로 성공했지만 일본이 러시아와 벌인 전쟁으로 인해 물거품이 되었어요. 이 무렵 안창호를 만나 큰 감동을 받고 위기에 빠진 나라를 구하기 위해 뛰어들었어요. 신민회에 들어가 많은 독립운동가를 길러 낸 오산 학교도 세우고, 태극 서관이라는 출판사도 만들었죠. 많은 독립운동가를 길러 낸 오산 학교도 세웠죠. 이승훈은 3·1 운동 당시 민족 대표 33인의 한 사람으로, 기독교계를 대표하여 참여했어요. 일제에 맞서기 위해 우리 민족의 실력을 기르자며 일어난 물산 장려 운동, 민립 대학 설립 운동에도 적극적으로 나섰죠.

오늘의 한 문장 ㅇ ㅅ ㅎ 은 오산 학교를 세웠으며, 3·1 운동 당시 민족 대표 33인의 한 사람으로 참여했다.

3월 23일

> 신라

• 오늘의 인물은? •

경 순 왕

경순왕은 신라의 마지막 왕이에요. 후백제의 공격을 받아 경애왕이 죽은 뒤에 왕이 된 경순왕은 할 수 있는 게 별로 없었어요. 연이어 신라 귀족들이 고려에 항복하고 견훤마저 아들에게 쫓겨 고려로 가자, 더 이상 나라를 유지하기 어렵다고 생각한 경순왕은 나라를 고려에 넘기기로 결정해요. 이로써 천 년을 이어 온 신라 역사도 막을 내리게 됩니다. 고려 태조 왕건은 항복해 온 경순왕에게 벼슬을 주고 계속 경주 지역을 다스릴 수 있도록 했어요.

오늘의 한 문장: 신라 ㄱ ㅅ ㅇ 은 고려에 항복했다.

10월 7일

일제 강점기

· 오늘의 인물은? ·

 대한 제국의 관리였던 나철은 을사늑약이 맺어지자 뜻을 같이하는 사람들을 모았어요. 을사늑약 체결에 앞장선 다섯 명의 매국노를 처단하기 위해 오적 암살단(자신회)을 만들었으나 실패했죠. 그 뒤 나철은 단군을 모시는 대종교를 만들고, 이를 중심으로 민족의식을 일깨우는 활동을 했어요. 대종교가 무섭게 퍼지자 일제는 나철을 압박해 왔고, 나철은 결국 스스로 목숨을 끊었어요. 나철이 죽은 뒤에도 대종교는 독립운동에 앞장섰는데 신자* 중에 많은 독립운동가가 나왔어요.

* **신자** 어떤 종교를 믿는 사람

을사오적을 처단하겠다!

오늘의 한 문장 ㄴ ㅊ 은 을사늑약 체결에 앞장선 매국노를 처단하기 위해 오적 암살단(자신회)을 만들었다.

3월 24일

오늘은? 결핵 예방의 날

🚩 신라

• 오늘의 인물은? •

마 의 태 자

"나라가 흥하고 망하는 것은 하늘에 달린 일입니다. 충성스러운 신하를 모아 백성의 마음을 달래고, 힘을 키워야 합니다. 천 년의 역사를 가진 나라를 고려에 바치는 것은 절대 안 될 일입니다." 경순왕이 고려에 항복할 것을 고민하자, 뒤를 이을 태자가 말했어요. 하지만 아버지의 마음을 돌릴 수는 없었죠. 경순왕이 신라를 고려에 바치던 날, 태자는 사람이 죽었을 때 입는 삼베옷, 즉 마의를 입고 금강산으로 갔어요. 그래서 **마의 태자**라고 부른답니다.

오늘의 한 문장 | 신라의 마지막 태자인 ㅁ ㅇ ㅌ ㅈ 는 신라 멸망 후 금강산으로 들어갔다.

10월 6일

> 일제 강점기

• 오늘의 인물은? •

손 병 희

　서자로 태어나 차별받던 **손병희**는 모든 사람이 평등하며 하늘 같은 존재라는 동학의 주장이 무척 매력적이었어요. 동학 지도자로 전봉준과 함께 동학 농민 운동을 이끌었지요. 동학의 제3대 교주*가 된 손병희는 동학의 이름을 천도교로 바꾸었고 보성 학교, 동덕 여학교 등을 운영하며 교육·문화 사업에 힘썼어요. 손병희는 민족 대표 33인 중 한 명으로 독립 선언에 참여하여 3·1 운동을 이끌었어요. 이 일로 일제 경찰에 붙잡혀 감옥살이를 하다 병을 얻어 숨을 거두었어요.

*교주 종교 단체의 우두머리

다 같이 만세 운동에 참여합시다!

| 오늘의 한문장 | ㅅㅂㅎ 는 동학의 이름을 천도교로 바꾸었으며, 3·1 운동 당시 민족 대표 33인 중 한 명으로 독립 선언에 참여했다. |

3월 25일

> 발해

• 오늘의 인물은? •

대 조 영

　고구려가 멸망한 뒤에 당은 고구려 사람들이 뭉쳐 다시 나라를 일으키지 못하도록 많은 사람을 당으로 끌고 갔어요. 그곳에서 옛 고구려 백성들은 힘들게 살았어요. 고구려 장군 출신 **대조영**은 반란이 일어나 당이 혼란한 틈을 타 옛 고구려 백성과 말갈족*을 이끌고 동쪽으로 떠났어요. 뒤쫓는 당의 군대와 맞서며 온 힘을 다해 동모산까지 이동했고, 그곳에서 발해를 세웠어요.

* **말갈족** 중국의 수와 당 시기에 만주와 한반도 북부에 살던 민족

오늘의 한 문장   고구려 장군 출신 ㄷ ㅈ ㅇ 은 동모산 근처에서 발해를 세웠다.

10월 5일

오늘은?
세계 한인의 날

🚩 **일제 강점기**

• 오늘의 인물은? •

박은식

　유학자로 이름을 널리 알린 **박은식**은 40세 무렵 개화사상을 받아들였어요. 그 뒤 독립 협회와 신민회 등에서 활동했어요. 『황성신문』과 『대한매일신보』에 일본의 침략에 맞서기 위해 우리 민족의 힘과 실력을 기르자는 글을 실었죠. 나라를 빼앗기고 일제의 탄압으로 활동이 어려워지자 박은식은 중국으로 가서 독립운동을 이어 갔어요. 여러 독립운동 단체를 만들어 활동했고, 대한민국 임시 정부의 제2대 대통령을 지냈어요. 박은식은 민족정신을 바로 세우면 독립을 이룰 수 있다고 믿고 『한국통사』, 『한국독립운동지혈사』 등의 역사책을 써서 우리 민족의 역사의식을 높이고자 했어요.

오늘의 한 문장　ㅂ ㅇ ㅅ 은 『한국통사』, 『한국독립운동지혈사』 등의 역사책을 썼다.

3월 26일

발해

• 오늘의 인물은? •

무 왕

대조영의 뒤를 이은 **무왕**은 '인안'이라는 발해만의 연호를 사용했으며, 정복 활동에 힘써 사방으로 땅을 넓혔어요. 발해의 세력이 커지자 당은 신라와 말갈족을 이용하여 발해를 억누르고자 했어요. 무왕은 이에 맞서기 위해 돌궐*, 일본 등과 손을 잡는 한편 장문휴를 보내 당을 공격했어요.

* **돌궐** 중국의 수와 당 시기에 몽골고원을 중심으로 활약한 나라

오늘의 한 문장 발해 ㅁ ㅇ 은 '인안'이라는 연호를 사용했다.

10월 4일 — 오늘은? 동물 보호의 날

🚩 **일제 강점기**

· 오늘의 인물은? ·

이 상 룡

  나라를 빼앗기자 이상룡은 가족을 이끌고 만주로 가서 이회영 등과 함께 삼원보에 신흥 강습소를 세우고 독립군*을 길러 냈어요. 대한민국 임시 정부의 첫 국무령을 맡아 큰 역할을 했고, 서로 군정서라는 독립군의 책임자도 되었어요. 만주에서 독립운동을 이어 가던 이상룡은 광복을 보지 못하고 병으로 목숨을 잃었어요. 한편, 이상룡 집안에서는 많은 독립운동가들이 나왔어요. 일제가 그 집안 독립운동의 맥을 끊는다며 이상룡이 태어난 임청각 일부를 헐어버리고 철도를 놓았다는 이야기가 전해지고 있어요.

나라를 되찾기 전에는 내 뼈를 조국으로 가져가지 말라.

* **독립군** 나라의 독립을 위해 싸우는 군대
* **조국** 조상 때부터 대대로 살던 나라

오늘의 한 문장: ㅇ ㅅ ㄹ 은 대한민국 임시 정부의 첫 국무령을 지냈다.

3월 27일

🚩 발해

•오늘의 인물은?•

장 문 휴

 무왕은 당을 혼내 주기 위해 기습 공격을 결정했어요. 수군*이 약한 발해가 육지로 공격할 것이라는 생각을 뒤집고 바다를 건너 당의 등주를 공격하기로 합니다. 무왕은 **장문휴**를 대장으로 삼았어요. 무왕의 명령을 받은 장문휴는 쏜살같이 달려가 등주를 지키던 당의 관리를 죽이고 군사 시설을 무너뜨린 뒤에 돌아왔어요. 깜짝 놀란 당이 군대를 보냈지만 이미 장문휴와 발해 군대는 떠난 뒤였죠.

*수군 주로 바다에서 공격과 방어를 담당하는 군대

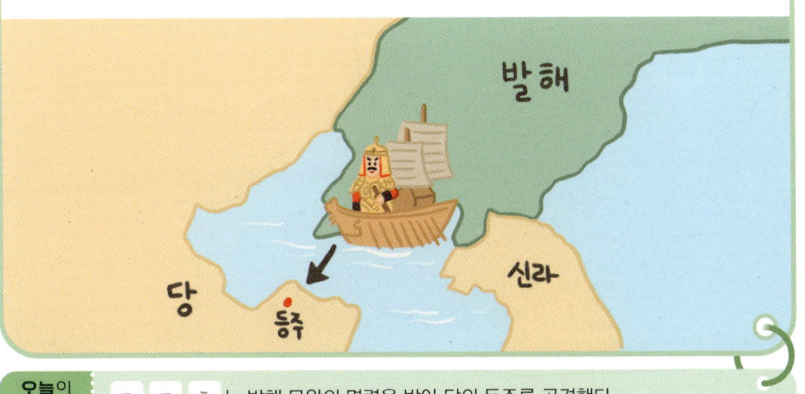

오늘의 한 문장 | ㅈ ㅁ ㅎ 는 발해 무왕의 명령을 받아 당의 등주를 공격했다.

10월 3일 오늘은? 개천절

개천절은 '하늘(天)이 열린(開) 날(節)'이라는 의미를 담고 있어요. 우리 역사 최초의 나라인 고조선이 세워진 것을 기념하는 날이지요. 나철이 만든 대종교가 개천절을 경축일*로 정하고 행사를 열었어요. 대한민국 임시 정부도 개천절을 국경일*로 정하고 기념행사를 열었죠. 이어 대한민국 정부도 개천절을 기념하고 있답니다. 개천절은 원래 음력 10월 3일이었는데, 1949년 「국경일에 관한 법률」이 만들어지면서 지금과 같이 양력 10월 3일로 정해졌어요.

* **경축일** 경사스러운 일을 기뻐하고 즐거워하는 날
* **국경일** 나라의 경사스러운 일을 기념하기 위하여 법으로 정한 경축일로, 오늘날에는 삼일절, 제헌절, 광복절, 개천절, 한글날 등이 있음

3월 28일

> 발해

• 오늘의 인물은? •

무왕의 뒤를 이어 그의 아들 대흠무가 왕의 자리에 올랐어요. 바로 **문왕**입니다. 문왕은 무척 영리한 왕이었어요. 도읍을 상경으로 옮겼으며 각종 제도를 정비했어요. 또 당에 자주 사신*을 보내 당과 가까워졌어요. 당의 앞선 제도와 문화를 받아들였고, 이를 바탕으로 발해를 더욱 발전시켰어요. 문왕은 일본에도 자주 사신을 보냈으며, 신라와도 '신라도'라는 교통로*를 만들어 교류했어요.

* **사신** 왕이나 나라의 명령을 받아 다른 나라로 가는 신하
* **교통로** 사람이 오고 가거나 짐을 실어 나르는 일에 이용하는 길

오늘의 한 문장 발해 ㅁ ㅇ 은 상경으로 도읍을 옮겼으며 당의 제도와 문화를 받아들였다.

10월 2일

오늘은? 노인의 날

일제 강점기

• 오늘의 인물은? •

강 우 규

 남대문역(지금의 서울역) 일대가 펑 소리와 함께 아수라장이 되었어요. 조선 총독*이 탄 마차를 향해 폭탄이 날아와 터졌기 때문이죠. 폭탄을 던진 사람은 64세의 노인 **강우규**였어요. 강우규는 러시아 블라디보스토크에서 노인 동맹단에 들어가 활동하다가, 사이토 마코토가 새로운 조선 총독으로 온다는 말을 듣고 그를 처단하기 위해 돌아왔어요. 사이토 총독을 처단하지는 못했지만 독립을 향한 우리의 의지를 알릴 수 있는 의거였답니다.

* **조선 총독** 대한 제국의 국권을 강제로 빼앗은 일제가 한국인들을 지배하기 위해 둔 조선 총독부의 우두머리

오늘의 한 문장 ㄱ ㅇ ㄱ 는 사이토 총독을 향해 폭탄을 던졌다.

3월 29일

> 발해

오늘의 인물은?

선 왕

발해는 문왕 이후 한동안 혼란기를 겪었어요. 이때 가뭄에 단비같이 등장한 왕이 **선왕**이에요. 선왕은 북쪽의 여러 부족들을 공격해 땅을 넓혀 고구려의 옛 땅을 대부분 되찾았으며, 전국을 5경 15부 62주로 나누어 다스리는 제도를 갖추었어요. 또 당을 비롯한 주변 나라들과 활발하게 교류하며 발해의 전성기를 열었어요. 이후 당에서는 발해를 '바다 동쪽에 있는 융성*한 나라'라는 뜻의 해동성국이라 불렀답니다.

*융성 기운차게 일어나거나 대단히 번성함

오늘의 한 문장: 발해는 ㅅ ㅇ 이후 당으로부터 해동성국이라 불렸다.

10월 1일

오늘은? 국군의 날

일제 강점기

• 오늘의 인물은? •

이 상 재

평생 독립운동과 교육 운동에 힘쓴 <u>이상재</u>는 존경받는 민족 지도자였어요. 이상재가 세상을 떠났을 때 10만여 명의 사람들이 몰려들어 그의 죽음을 슬퍼했죠. 이상재는 서재필, 윤치호 등과 함께 독립 협회를 만들었으며, 고등 교육*을 담당할 대학을 세우자는 민립 대학 설립 운동을 이끌었어요. 민족 단결을 목표로 하는 신간회가 만들어지자 회장으로 뽑혔죠. 신간회는 사람들로부터 큰 지지를 받았는데, 국내에서 만들어진 가장 큰 규모의 항일 운동* 단체였어요.

* **고등 교육** 전문적 지식을 터득하게 하는 가장 높은 단계의 교육
* **항일 운동** 일본 제국주의의 침략에 대한 저항 운동

오늘의 한 문장: ㅇㅅㅈ 는 독립 협회, 민립 대학 설립 운동 등을 이끌었으며 신간회 회장을 지냈다.

3월 30일

> 발해

· 오늘의 인물은? ·

대 인 선

발해의 마지막 왕 대인선이 왕이 되었을 무렵은 북쪽의 거란이 통일을 이루며 힘을 키우던 때였어요. 대인선은 재빨리 다른 나라들과 교류하며 거란의 침입에 대비했어요. 하지만 거란의 황제가 직접 군사를 이끌고 발해를 공격해 왔어요. 결국 발해는 거란의 공격을 막지 못했고 상경성이 적의 손으로 넘어가면서 멸망했어요. 이후 발해를 다시 세우려는 노력은 계속되었지만 뜻을 이루지 못했어요.

오늘의 한 문장: 발해는 ㄷ ㅇ ㅅ 때 거란의 침입으로 멸망했다.

일제 강점기1

3월 31일

🚩 발해

• 오늘의 인물은? •

대 광 현

대광현은 발해의 마지막 세자*였어요. 발해가 거란에 멸망하자 장군과 신하, 백성 수만 명을 이끌고 고려 태조 왕건에게 왔어요. 태조는 대광현을 반가이 맞았고 극진하게 대접해 주었죠. 이후 대광현에게 자신의 성씨를 사용한 '왕계'라는 이름과 높은 벼슬을 주었어요.

* **세자** 임금의 자리를 이을 사람

오늘의 한 문장 고려 태조는 발해가 멸망하자 ㄷ ㄱ ㅎ 등 옛 발해 백성을 받아들였다.

9월 30일

오늘은?
조달의 날 / 개인 정보 보호의 날

🚩 개항기

· 오늘의 인물은? ·

지 석 영

  지금은 사라졌지만 천연두는 전염이 잘 되고 많은 사람이 죽는 무서운 병이었어요. <mark>지석영</mark>이 살았던 당시에 천연두가 유행하여 많은 사람이 죽었어요. 지석영은 천연두를 예방할 수 있는 종두법*이란 의술*을 배운 뒤 사람들에게 적용했죠. 이후 지석영은 꾸준히 천연두 예방과 교육에 힘썼어요. 한편, 지석영은 한글에도 관심이 많아 주시경과 함께 한글 연구 기관인 국문* 연구소에서 한글을 체계적으로 연구했어요.

* **종두법** 천연두를 예방하기 위하여 백신을 사람에게 접종하는 방법
* **의술** 병이나 상처를 고치는 기술
* **국문** 나라 고유의 글자

오늘의 한 문장 ㅈ ㅅ ㅇ 은 천연두 예방법인 종두법을 실시했으며, 주시경과 함께 국문 연구소에서 한글을 체계적으로 연구했다.

고려1

9월 29일

> 개항기

• 오늘의 인물은? •

서 상 돈

서상돈은 대구 지역에서 알아주는 상인이었어요. 당시 일본은 대한 제국의 발전을 위한다는 핑계로 1,300만 원에 달하는 빚을 지게 만들었어요. 서상돈은 그대로 둘 경우 나라를 일본에 빼앗기겠다는 생각에 우리 스스로 일본에 진 나랏빚(국채)을 갚자는 국채 보상 운동을 시작했어요. 이 운동은 『대한매일신보』 등 여러 신문의 지원을 받아 전국 곳곳으로 퍼져 나갔어요. 나랏빚을 갚기 위해 남자들은 술과 담배를 끊어 돈을 모았고 여자들은 반지를 내놓았죠. 하지만 일본의 방해 등으로 성과를 거두지 못했어요.

오늘의 한 문장 대구에서 ㅅ ㅅ ㄷ 을 중심으로 국채 보상 운동이 시작되었다.

4월 1일 — 오늘은? 수산인의 날

> 고려

• 오늘의 인물은? •

왕 건

 궁예의 부하였던 **왕건**은 여러 신하와 함께 궁예를 몰아내고 고려를 세웠어요. 이어 신라의 항복을 받고 후백제를 물리쳐 후삼국을 통일했어요. 통일 후에는 나라와 백성의 생활을 안정시키기 위해 노력했어요. 세금을 줄여 주고, 가난한 백성에게 곡식을 빌려주어 굶주리지 않도록 힘썼어요. 호족을 자기편으로 끌어들이는 한편 억누르기도 하면서 나라를 안정적으로 이끌었죠. 고구려의 옛 땅을 되찾고자 고구려의 도읍이었던 평양, 즉 서경을 중심으로 북진 정책을 펼쳐 북쪽으로 영토도 넓혔답니다.

오늘의 한 문장 | 고려를 세운 태조 ㅇ ㄱ 은 후삼국을 통일했다.

9월 28일 — 개항기

• 오늘의 인물은? •

배설이라는 한국 이름을 가진 영국인 **베델**. 베델은 영국 신문의 기자로 러시아와 일본의 전쟁을 조사하기 위해 한국에 왔어요. 그해에 양기탁과 함께 『대한매일신보』를 만들었죠. 『대한매일신보』는 일본의 침략을 비판하고 의병들의 소식을 전했어요. 을사늑약이 무효임을 밝히는 고종의 편지를 싣기도 했어요. 일본은 이 신문을 없애고 싶었지만 베델이 영국인이었기에 함부로 건드릴 수 없었죠. 하지만 일본의 탄압을 받는 과정에서 건강을 잃은 베델은 젊은 나이에 병으로 세상을 떠났어요.

* **무효** 효과가 없음
* **탄압** 권력이나 무력 등으로 억지로 눌러 꼼짝 못 하게 함

오늘의 한 문장 영국인 ㅂ ㄷ 은 양기탁과 함께 『대한매일신보』를 만들었다.

4월 2일

> 고려

•오늘의 인물은?•

신 숭 겸

지금의 대구 지역인 공산에서 왕건과 견훤이 맞붙었어요. 고려 군대는 사방이 후백제의 군사들로 둘러싸여 도망가기조차 힘들 지경이었죠. 왕건이 아끼던 신하 **신숭겸**은 왕건의 갑옷을 입고 왕건인 척하며 싸웠고, 그 사이에 왕건은 도망칠 수 있었어요. 하지만 공산 전투에서 신숭겸은 목숨을 잃었고, 고려군은 패했어요. 몇 년 뒤에 고려는 지금의 안동 지역인 고창에서 벌어진 후백제와의 전투에서 크게 이겨 후백제와의 경쟁에서 유리한 위치를 차지했어요.

신숭겸

왕건 — 미안하다.

오늘의 한 문장: 고려는 후백제와의 공산 전투에서 패했으며 이때 ㅅ ㅅ ㄱ 이 목숨을 잃었다.

9월 27일

개항기

• 오늘의 인물은? •

양 기 탁

양기탁은 영국인 베델과 함께 『대한매일신보』를 만들었어요. 돈을 모아 일본에 진 나랏빚을 갚자며 국채 보상 운동이 일어나자 신문에 기사를 실어 널리 알렸어요. 이로 인해 누명*을 쓰기도 했죠. 양기탁은 안창호, 이승훈, 이회영 등과 함께 신민회라는 비밀 독립운동 단체를 만들어 활동했고, 만주와 국내를 오가며 독립운동을 하다 붙잡혀 여러 차례 감옥에 갇혔어요. 대한민국 임시정부에도 힘을 보탰어요. 평생 독립운동을 한 양기탁은 아쉽게도 광복을 보지 못한 채 숨을 거두었어요.

* **누명** 사실이 아닌 일로 이름을 더럽히는 억울한 평판

오늘의 한 문장 | ㅇ ㄱ ㅌ 은 『대한매일신보』를 만들었으며 안창호 등과 함께 신민회를 세웠다.

4월 3일

오늘은? 4·3 희생자 추념일

> 고려

• 오늘의 인물은? •

유 금 필

　유금필은 고려 태조 왕건을 도와 후삼국을 통일하는 데 큰 공을 세운 장군이에요. 후백제와의 여러 전투에서 승리를 거두어 태조가 매우 아끼는 장수였죠. 유금필이 후백제의 땅인 나주를 공격하러 갈 때 태조가 왕이 타는 배를 주어 보냈으며, 승리하고 돌아왔을 때에는 직접 예성강까지 가서 그를 맞았다고 해요. 태조가 후백제를 정벌하기 위해 나섰을 때에도 많은 군사를 이끌고 가서 공을 세웠어요.

* **정벌** 적 혹은 죄 있는 사람들을 무력으로써 침

오늘의 한 문장 ㅇ ㄱ ㅍ 은 고려 초기를 대표하는 장군으로 후백제 정벌에 큰 공을 세웠다.

9월 26일

▶ 개항기

• 오늘의 인물은? •

조선 정부는 젊은 관리와 양반 자제*에게 서양의 학문을 가르치기 위해 육영 공원이라는 학교를 세웠어요. 미국인 **헐버트**는 이곳에서 학생들을 가르치기 위해 조선에 처음 왔어요. 그 뒤 죽을 때까지 우리나라를 도왔죠. 헐버트는 을사늑약이 맺어지자 대한 제국을 도와 달라는 고종의 편지를 들고 미국으로 갔으며, 헤이그에 파견된 특사들을 지원했어요. 결국 헐버트는 일본의 눈 밖에 나서 쫓겨나듯 미국으로 돌아갈 수밖에 없었죠. 그곳에서 우리의 독립을 위한 노력을 이어 갔어요. 광복 이후 헐버트는 대한민국 정부의 초대를 받아 한국에 왔으나 병으로 숨졌고, 유언*에 따라 대한민국 땅에 묻혔어요.

나는 언제나 한국 국민을 지지할 것입니다.

* **자제** 그 집안의 젊은이를 높여 이르는 말
* **유언** 죽음에 이르러 남긴 말

오늘의 한 문장
육영 공원의 교사로 조선에 온 ㅎ ㅂ ㅌ 는 평생을 바쳐 우리의 독립을 위해 노력했다.

4월 4일

> 고려

• 오늘의 인물은? •

박 술 희

박술희는 고려 태조 왕건이 믿고 의지하는 신하였어요. 태조는 첫째 아들을 태자로 세우고 싶었으나, 어머니의 집안이 변변하지 못해 반대가 컸어요. 이때 박술희가 태조의 뜻을 알고 첫째 아들을 태자로 삼자고 주장해 뜻을 이루었어요. 태조는 죽을 때가 되자 박술희를 불러 후대 왕들이 고려를 다스리면서 지켜야 할 열 가지 가르침을 남겼어요. 이게 바로 「훈요 10조」랍니다.

오늘의 한 문장 고려 태조는 ㅂ ㅅ ㅎ 를 불러 「훈요 10조」를 남겼다.

9월 25일

> 개항기

· 오늘의 인물은? ·

이 재 명

이재명은 명동 성당에 매국노 이완용이 온다는 소식을 들었어요. 매국노, 나라를 팔아먹는 일을 한 사람을 말하죠. 이완용은 대한 제국의 관리로 을사늑약 체결에 찬성하여 앞장섰으며, 일본이 고종을 황제 자리에서 물러나게 할 때, 대한 제국 군대가 해산될 때에도 발 벗고 나섰어요. 이런 이완용을 처단하려는 사람이 많았는데, 이재명도 그중 한명이었어요. 이재명은 명동 성당 앞에서 인력거를 타고 지나가는 이완용을 칼로 찔러 상처를 입혔어요. 그 자리에서 붙잡힌 이재명은 사형에 처해졌어요.

| 오늘의
한 문장 | ㅇ ㅈ ㅁ 은 명동 성당 앞에서 이완용을 공격하여 상처를 입혔다. |

4월 5일

오늘은? 식목일

> 고려

• 오늘의 인물은? •

광 종

    고려 초에는 공신*과 호족의 힘이 강했어요. 이들을 상대로 왕의 힘을 강화하려다 실패한 형들을 지켜본 제4대 **광종**은 때를 기다렸다가 노비안검법을 시행했어요. 노비안검법은 노비들을 자세히 조사하여 원래 노비가 아니었는데 불법적으로 노비가 된 사람들을 원래 신분으로 되돌려 준 법이에요. 공신과 호족은 많은 노비를 거느리고 있었고 그들 중에는 불법적으로 노비가 된 사람도 있었어요. 노비안검법은 공신과 호족 세력을 억누르는 정책이었어요.

* **공신** 나라를 위해 큰 공을 세운 신하
* **불법** 법에 어긋남

오늘의 한 문장   고려 ㄱ ㅈ 은 공신과 호족의 힘을 억누르기 위해 노비안검법을 시행했다.

9월 24일

> 개항기

• 오늘의 인물은? •

최 재 형

나라가 혼란한 상황에서 살기 어려워진 사람들은 삶의 터전을 다른 나라로 옮기기도 했어요. **최재형**도 어렸을 때 부모님과 함께 러시아로 떠나 그곳에서 장사를 해서 큰돈을 모았어요. 나라가 위기에 빠지자 최재형은 재산을 털어 의병을 지원하고 직접 의병을 이끌며 일본군에 맞서 싸웠어요. 또 안중근의 의거*를 도왔어요. 이토 히로부미를 처단할 때 안중근이 썼던 총도 최재형이 마련해 준 것이죠. 최재형은 러시아에 학교를 세워 한국인의 교육에도 힘썼어요. 안중근이 연해주*에는 집집마다 최재형의 사진이 걸려 있다고 말했을 정도로 최재형은 그곳 사람들에게 존경받았어요.

* **의거** 정의를 위하여 개인이나 집단이 의로운 일을 함
* **연해주** 두만강 위쪽 동해에 접해 있는 러시아 땅으로, 나라 밖에 있는 독립운동의 중심지 중 하나

오늘의 한 문장 ㅊ ㅈ ㅎ 은 안중근의 의거를 도왔으며 연해주에서 독립운동에 힘썼다.

4월 6일

> 고려

· 오늘의 인물은? ·

쌍기는 중국 후주 사람인데 고려에 왔다가 병이 나 돌아가지 못하고 고려에 머무르며 광종을 도왔어요. 광종은 왕의 힘을 강화하기 위해 쌍기의 건의를 받아들여 과거제를 시행했어요. 과거제는 유학 지식수준*을 평가하여 관리를 뽑는 제도예요. 과거제의 시행으로 왕에게 충성하고 능력 있는 관리를 뽑을 수 있게 되었어요. 과거제는 노비안검법과 더불어 왕의 힘을 강화하고 공신과 호족의 힘을 누르는 데 큰 역할을 했어요.

* **지식수준** 알고 있는 내용의 정도 혹은 공부해서 배운 정도

과거를 통해 능력 있는 관리를 뽑을 수 있겠군.

오늘의 한 문장 고려 광종은 ㅆ ㄱ 의 건의를 받아들여 과거제를 처음으로 시행했다.

9월 23일

🚩 **개항기**

• 오늘의 인물은? •

안 중 근

 을사늑약이 맺어진 뒤 안중근은 석탄 가게를 팔아 학교를 세우고 일본에 맞설 힘과 실력을 기르고자 했어요. 그러나 일본의 강요로 고종이 황제 자리에서 물러나자, 안중근은 실력을 기르는 것만으로는 나라를 지킬 수 없다고 생각하고 연해주로 가서 의병 활동을 벌였어요. 그러던 중 우리나라 침략에 앞장선 이토 히로부미가 온다는 소식을 들은 안중근은 만주 하얼빈역에서 이토 히로부미에게 총을 쏘아 처단했어요. 그 자리에서 붙잡힌 안중근은 재판 끝에 사형*에 처해졌어요.

* **사형** 목숨을 끊는 형벌

오늘의 한 문장 ㅇ ㅈ ㄱ 은 하얼빈역에서 우리나라 침략에 앞장선 이토 히로부미를 처단했다.

4월 7일 오늘은? 보건의 날

> 고려

·오늘의 인물은?·

경종

아버지 광종의 뒤를 이은 **경종**은 전시과 제도를 마련했어요. 전시과는 관리에게 토지에서 세금을 거둘 수 있는 권리를 인정해 준 제도입니다. 관리에게 등급(科)에 따라 전지(田地)와 시지(柴地)를 주어 전시과라고 하죠. 전지는 곡식을 얻을 수 있는 농사짓는 데 쓰는 땅, 시지는 땔감*을 얻을 수 있는 들판이나 숲을 말해요. 전시과는 고려의 기본적인 토지 제도였어요. 오늘날의 공무원은 월급을 받지만, 고려 시대의 관리들은 나라에서 받은 전지와 시지에서 생산된 것의 일부를 거두어 갔어요.

* **땔감** 불을 때는 데 쓰는 나무나 마른 잎 등의 재료

전시과 시행

오늘의 한 문장 ㄱ ㅈ 은 고려의 기본적인 토지 제도인 전시과를 마련했다.

9월 22일

> 개항기

• 오늘의 인물은? •

이 인 영

   고종 황제가 강제로 물러나고 대한 제국 군대가 해산되자 의병 활동은 더욱 활발해졌어요. 해산된 군인이 참여하면서 의병 부대의 전투력이 강해졌죠. 이때 여러 사람이 **이인영**을 찾아와 앞장서 줄 것을 부탁했어요. 이인영은 전국에 통문*을 돌려 의병 봉기를 주장했고 전국에서 약 1만 명이 모여 의병 연합 부대를 만들었어요. 이 부대가 13도 창의군이며, 이인영이 총대장이 되었죠. 13도 창의군은 한성, 즉 서울을 향해 나아가는 작전(서울 진공 작전)을 벌였는데, 이 작전은 일본군의 공격에 막혀 실패했어요.

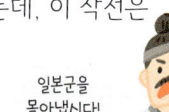
일본군을 몰아냅시다!

* **통문** 여러 사람이 차례로 돌려 보도록 쓴 글

오늘의 한 문장 ○ ○ ○ 은 전국의 의병이 모여 만든 13도 창의군의 총대장이 되었다.

4월 8일

> 고려

• 오늘의 인물은? •

성 종

경종이 죽은 뒤에 아들이 너무 어려 학문이 뛰어난 사촌 동생이 왕위를 이었어요. 이 왕이 **성종**이에요. 성종은 유학을 바탕으로 여러 제도를 마련하거나 효율적으로 고쳤어요. 정부 조직은 당의 제도를 본떠 2성 6부로 정비하고, 지방의 중요한 12곳에 '목'을 두어 관리를 보내 왕의 명령이 지방까지 잘 전달되도록 했어요. 교육에도 큰 관심을 보여 개경에 있는 최고 교육 기관인 국자감을 정비하고, 지방에 경학박사를 보내 유학을 가르쳤어요.

지방을 잘 다스려 주시오.

오늘의 한 문장 고려 ㅅ ㅈ 은 여러 제도를 정비하고 지방에 12목을 두어 관리를 보냈다.

9월 21일

오늘은?
치매 극복의 날

📍 개항기

· 오늘의 인물은? ·

일본은 고종이 네덜란드 헤이그에 이상설, 이준, 이위종을 특사로 보낸 일을 핑계로 고종을 강제로 물러나게 하고 순종을 황제로 세웠어요. 이어 대한 제국의 군대도 해산*했어요. 대한 제국의 군인이었던 **박승환**은 "군인이 나라를 지키지 못하고 신하가 충성을 다하지 못하면 만 번 죽어도 아깝지 않다."라는 유서를 쓰고 스스로 목숨을 끊었어요. 이 소식이 알려지자 분노한 대한 제국의 군인들이 들고일어났으며, 많은 군인이 의병 부대에 들어갔어요.

* **해산** 모였던 사람이 흩어지는 것

오늘의 한 문장   ㅂ ㅅ ㅎ 은 대한 제국의 군대 해산에 항의하며 스스로 목숨을 끊었다.

4월 9일

고려

• 오늘의 인물은? •

최 승 로

  성종은 왕위에 오른 뒤 관리들에게 나라를 잘 다스릴 수 있는 방법을 써서 올리라고 했어요. 이때 **최승로**는 앞선 왕들의 본받을 점, 고쳐야 할 점과 함께 28개의 건의를 올렸어요. 이것이 「시무 28조」입니다. 최승로는 「시무 28조」에서 유학을 바탕으로 나라를 다스릴 것, 지방에 관리를 보낼 것 등을 건의했어요. 성종은 이를 받아들여 여러 제도를 정비했고, 최승로를 가까이 두고 나랏일을 의논했어요.

오늘의 한 문장 ㅊ ㅅ ㄹ 는 고려 성종에게 「시무 28조」를 건의했다.

9월 20일

🚩 개항기

• 오늘의 인물은? •

이 상 설

일본에 대한 제국의 외교권을 빼앗기는 을사늑약이 맺어지자 고종은 이 억울함을 세계에 알리고 도움을 받아야겠다고 생각했어요. 마침 네덜란드 헤이그에서 만국 평화 회의가 열리는 것을 알게 되었고, 그곳에 사람을 보내 을사늑약 체결이 불법임을 알리고자 했어요. 이 일에 딱 맞는 사람이 **이상설**, 이준, 이위종이었어요. 이들은 만국 평화 회의가 열리는 곳에 가서 대한 제국이 처한 현실을 알리려 했지만 일본의 방해로 들어가지 못했어요. 서양의 강한 나라들은 대한 제국 문제에 관심을 기울여 주지 않았어요.

오늘의 한 문장 ㅇ ㅅ ㅅ 은 을사늑약의 부당함을 세계에 알리기 위해 이준, 이위종과 함께 만국 평화 회의가 열리는 네덜란드 헤이그에 갔다.

4월 10일

오늘은? 전기의 날 / 편의 증진의 날

> 고려

· 오늘의 인물은? ·

서희는 외교 천재였어요. 성종 때 거란이 고려에 침입해 오자(거란의 제1차 침입), 신하들은 두려워하며 땅을 떼어 주고 화해하자고 주장했어요. 이때 서희가 나섰어요. 힘이 세진 거란은 송을 공격하기에 앞서 고려와 송의 관계를 끊기 위해 고려를 침략했어요. 이를 알아챈 서희는 거란 장수 소손녕을 만나 외교 담판*을 벌였어요. 이 담판으로 고려는 송과의 관계를 끊고 거란과 교류할 것을 약속한 대신 압록강 동쪽의 강동 6주 지역을 확보했어요.

* **담판** 서로 맞선 관계에 있는 사람들이 의논하여 옳고 그름을 판단함

오늘의 한 문장 고려 성종 때 ㅅ ㅎ 의 외교 담판으로 강동 6주 지역을 확보했다.

9월 19일

🏁 개항기

• 오늘의 인물은? •

신 돌 석

 양반들만 의병을 이끈 것은 아니에요. <u>신돌석</u>과 같은 평민 출신 의병장도 있었어요. 신돌석의 원래 이름은 태호이지만 돌석이라는 이름으로 더 유명하죠. 을사늑약이 맺어지자 신돌석은 의병을 일으켜 경상도, 강원도, 충청도 등지에서 활동하며 일본군을 무찔렀어요. 뛰어난 전술을 펼치며 크게 활약하여 '태백산 호랑이'라고도 불렸답니다.

오늘의 한 문장 '태백산 호랑이'라고 불린 ㅅ ㄷ ㅅ 은 을사늑약에 저항하여 의병을 일으켰다.

4월 11일 대한민국 임시 정부 수립 기념일

오늘은?

3·1 운동이 일어나기 전부터 나라 안팎에 여러 임시 정부가 세워졌어요. 3·1 운동을 계기로 독립운동을 이끌어 나갈 힘을 하나로 모으기 위해 임시 정부를 하나로 합쳐야 한다는 움직임이 일어났죠. 그 결과 1919년 4월 11일, 중국 상하이에서 대한민국 임시 정부가 세워졌어요. 당시 상하이는 일제의 영향력이 미치지 않았으며 세계 여러 나라의 대사관이 있어서 외교 활동이 편한 곳이었어요. 대한민국 임시 정부는 독립운동의 중심 역할을 했어요.

9월 18일 — 개항기

• 오늘의 인물은? •

최 익 현

 최익현은 경복궁을 무리하게 짓는 흥선 대원군을 비판했고, 흥선 대원군이 정치에서 물러날 것을 요구하는 상소*를 올렸어요. 도끼를 지니고 궁궐 앞에 엎드려 상소를 올리며 강화도 조약 체결*에 반대하기도 했죠. 자신의 뜻이 받아들여지지 않으면 죽겠다는 의지를 표현한 것이에요. 최익현은 을사늑약이 맺어지자 이에 반대하여 의병을 일으켰다가 잡혀 대마도(쓰시마섬)에 유배되었어요. 그곳에서 적이 주는 음식은 먹을 수 없다며 거부하다 병으로 세상을 떠났어요.

* **상소** 임금에게 올리는 글
* **체결** 계약이나 조약 등을 공식적으로 맺음

> 일본과 조약을 맺으면 나라가 망할 것입니다.

오늘의 한 문장 ㅊ ㅇ ㅎ 은 을사늑약에 반대하여 의병을 일으켰다.

4월 12일

오늘은? 도서관의 날

> 고려

• 오늘의 인물은? •

천 추 태 후

경종에게 나이 어린 아들이 있었다는 걸 기억하나요? 이 아이가 목종이에요. 아들이 없던 성종은 목종을 궁에서 키웠고, 왕위를 물려주었어요. 그런데 목종의 어머니 헌애 왕후는 17세의 목종이 어리다는 구실을 내세워 대신해 나라를 다스렸어요. 헌애 왕후는 천추전에 머물러 '**천추 태후**'라고 불렸죠. 그녀는 김치양과 사랑에 빠져 아들을 낳았어요. 천추 태후는 이 아들을 목종의 뒤를 이어 왕으로 세우려 했어요.

* **태후** 황제의 살아 있는 어머니

오늘의 한 문장 ㅊ ㅊ ㅌ ㅎ 는 김치양과의 사이에서 태어난 아들을 왕위에 올리려 했다.

9월 17일 　개항기

• 오늘의 인물은 •

민 영 환

　날씨나 분위기가 스산하고 쓸쓸할 때 쓰는 '을씨년스럽다'는 표현을 아시나요? 이 말은 '을사년스럽다'는 말에서 나온 거라는 주장이 있어요. 을사년은 을사늑약*이 맺어진 해예요. 한반도를 둘러싸고 러시아와 전쟁을 벌여 승리한 일본은 대한 제국의 외교권을 빼앗는 을사늑약을 강요했어요. 을사늑약이 맺어지자 대한 제국의 관리였던 **민영환**은 을사늑약의 부당함을 알리는 유서*를 남기고 스스로 목숨을 끊어 저항했어요.

*늑약 억지로 맺은 조약
*유서 죽음에 이르러 적은 글

오늘의 한 문장　ㅁ ㅇ ㅎ 은 을사늑약 체결에 반대하여 스스로 목숨을 끊었다.

4월 13일

> 고려

• 오늘의 인물은? •

강 조

아들이 없던 목종은 병이 나자 태조 왕건의 마지막 남은 손자 왕순을 자신의 후계자*로 삼았어요. 또 지방을 지키던 **강조**에게 개경으로 와서 자신을 지켜 달라고 부탁했어요. 목종의 명령을 받고 개경을 향하던 강조는 목종이 죽었다는 잘못된 소식을 듣고 군사를 되돌렸다가, 고려를 지키기 위해서는 천추 태후를 몰아내야 한다고 생각하고 다시 개경으로 들이닥쳤어요. 그러고는 천추 태후와 김치양, 허수아비 왕 목종을 모두 몰아내고 왕순을 왕위에 올렸어요. 그가 고려의 제8대 왕 현종이에요.

* 후계자 어떤 일이나 사람의 뒤를 잇는 사람

오늘의 한 문장 ㄱ ㅈ 는 천추 태후와 김치양을 없애고 현종을 왕위에 올렸다.

9월 16일 — 개항기

・오늘의 인물은?・

  을미사변 이후 <u>고종</u>은 일본의 위협*을 피해 세자와 함께 러시아 공사관으로 옮겨 갔어요. 이를 아관 파천이라고 해요. 아관은 러시아 공사관, 파천은 임금이 궁을 떠나 다른 곳으로 피란하는 것을 말해요. 고종은 러시아 공사관에 머문 지 1년 만에 지금의 덕수궁인 경운궁으로 돌아왔어요. 그 뒤 환구단에서 황제의 자리에 오르고 나라 이름을 '대한 제국'으로 바꾸었어요. 고종은 일본의 침략에 맞서 헤이그에 특사*를 보내는 등 저항했지만, 일제는 이를 핑계로 고종을 황제 자리에서 강제로 물러나게 했어요.

* **위협** 두려움이나 위험을 느끼게 함
* **특사** 특별한 임무를 띠고 파견되는 사절

오늘의 한 문장 ㄱ ㅈ 은 러시아 공사관에서 돌아온 뒤 황제의 자리에 오르고 나라 이름을 '대한 제국'으로 바꾸었다.

4월 14일

> 고려

· 오늘의 인물은? ·

현종은 왕건의 손자로, 목종이 죽으면 왕위를 이을 자격이 있었어요. 이 때문에 천추 태후는 여러 차례 현종을 죽이려고 했어요. 가까스로 살아남아 왕이 된 현종은 여러 제도를 정비해 나라의 기틀을 튼튼히 다졌어요. 거란의 침입을 두 차례 겪었으나 잘 극복하고 거란과 평화적인 관계를 맺었죠. 거란이 고려를 침입했을 때 이를 부처의 힘으로 이겨 내고자 초조*대장경*을 만들기 시작했어요.

*초조 처음으로 만듦
*대장경 부처의 가르침인 불교 경전을 모아 놓은 것

오늘의 한 문장: 고려 ㅎ ㅈ 때 거란의 침입을 부처의 힘으로 이겨 내고자 초조대장경을 만들기 시작했다.

9월 15일

개항기

• 오늘의 인물은? •

박 성 춘

개화파 관리와 지식인 등이 중심이 된 독립 협회는 만민 공동회를 열어 누구나 사회 문제에 대해 자신의 생각을 표현할 수 있도록 했어요. 만민 공동회에서는 관리, 지식인뿐만 아니라 아이나 신분이 낮은 사람도 자유롭게 말할 수 있었죠. 백정 출신인 **박성춘**처럼 말이에요. 백정은 소나 돼지 등을 잡는 일을 하는 사람으로, 다른 사람들로부터 업신여김을 당했어요. 그런 사람이 높은 관리와 한자리에서 당당하게 자신의 의견을 말하다니 당시로서는 놀라운 변화였답니다.

오늘의 한 문장

백정 출신인 ㅂ ㅅ ㅊ 은 독립 협회가 연 만민 공동회에서 자신의 의견을 발표했다.

4월 15일

> 고려

•오늘의 인물은?•

지 채 문

현종이 왕위에 오른 얼마 뒤, 고려가 송과 계속 교류하자 거란은 강조의 정변*을 핑계로 다시 고려에 침입해 왔어요(거란의 제2차 침입). 강조가 군대를 이끌고 갔지만 크게 패했고, 도읍인 개경을 빼앗길 위기에 빠졌어요. 현종은 급히 궁을 떠나야 했고 이때 현종을 모시고 남쪽으로 내려간 사람이 **지채문**이에요. 피란* 가는 임금을 보고 위협을 가하는 사람도 있었죠. 그때마다 지채문은 현종을 지키며 끝까지 충성을 보여 주었어요.

* **정변** 법에 맞지 않는 방법으로 일어난 정치적인 변화
* **피란** 전쟁 등 난리를 피해 안전한 곳으로 옮겨 가는 것

오늘의 한 문장 거란의 제2차 침입 때 ㅈ ㅊ ㅁ 은 피란하는 현종을 끝까지 지켰다.

9월 14일

오늘은?
산업 단지의 날

🚩 **개항기**

· 오늘의 인물은? ·

| 서 | 재 | 필 |

서재필은 김옥균과 함께한 갑신정변이 실패하자 일본으로 떠났다가 다시 미국으로 갔어요. 낮에는 일하고 밤에는 공부하며 어렵게 의사가 되었죠. 을미사변 이후 혼란한 상황에서 뜻을 같이했던 박영효의 권유를 받아 조선으로 돌아왔어요. 서재필은 정부의 지원을 받아 『독립신문』을 만들어 정부의 개화 정책과 개화사상을 알리고 자주독립을 강조했어요. 이후 개화 지식인 등과 함께 독립 협회를 만들어 사람들의 생각을 깨우치는 활동을 벌였어요. 그러다 국내에서의 활동이 힘들어지자 미국으로 돌아가 그곳에서 독립운동을 이어 갔어요.

오늘의 한 문장

ㅅ ㅈ ㅍ 은 『독립신문』을 만들고 개화 지식인 등과 함께 독립 협회를 세웠다.

4월 16일 — 오늘은? 국민 안전의 날

> 고려

· 오늘의 인물은? ·

| 양 | 규 |

거란의 제1차 침입 때 서희가 있었다면 제2차 침입 때는 **양규**가 있었어요. 고려를 침입한 거란 군대는 강조가 쓴 것처럼 꾸며 항복하라는 내용의 가짜 편지를 양규에게 보냈어요. 양규가 꿈쩍도 하지 않은 채 성을 끝까지 지키자, 거란군의 절반은 발이 묶일 수밖에 없었죠. 거란군에 개경을 빼앗기고 왕이 피란을 가는 등 위기를 맞았으나, 양규의 군대는 여러 차례 승리를 거두며 끌려가던 수많은 고려 사람을 구했어요. 하지만 양규는 많은 수의 거란군과 싸우다 화살이 다 떨어져 목숨을 잃었어요.

목숨을 바쳐 고려를 지켰다.

오늘의 한 문장 거란의 제2차 침입 때 ㅇㄱ 는 끌려가던 수많은 고려 사람을 구했다.

9월 13일

▶ 개항기

• 오늘의 인물은? •

윤 희 순

을미사변이 일어나자 의병장* 유인석의 조카며느리인 <u>윤희순</u>은 분노했어요. 윤희순은 여자도 나라를 구할 수 있다며 을미의병에 참여해 우리나라 최초의 여성 의병 지도자가 되었어요. 윤희순은 여성들의 의병 참여를 격려하기 위해 지은 「안사람 의병가」를 비롯하여 8편의 의병가를 지어 의병들에게 힘을 북돋워 주었어요. 일제에 나라를 빼앗긴 뒤에 윤희순은 가족들과 만주로 가서 독립운동을 이어 갔어요.

* **의병장** 나라를 위하여 일어난 의병을 이끄는 장수

오늘의 한 문장 「안사람 의병가」 등의 의병가를 지은 ㅇ ㅎ ㅅ 은 우리나라 최초의 여성 의병 지도자로 알려져 있다.

4월 17일

> 고려

• 오늘의 인물은? •

강감찬

거란은 강동 6주를 돌려 달라는 요구에 고려가 응하지 않자 다시 침입했어요(거란의 제3차 침입). 이때 고려군을 이끈 사람이 70세의 **강감찬**이에요. 강감찬이 이끄는 고려군은 흥화진에서 강 위쪽을 소가죽으로 막았다가 거란군이 건너갈 때 터트려 승리를 거뒀어요. 또 개경 함락*을 포기하고 돌아가는 거란군을 귀주에서 크게 물리쳤어요. 마침 바람의 방향이 바뀌어 고려군의 화살이 훨씬 멀리 날아가 승리에 큰 도움이 되었죠. 이를 귀주 대첩이라고 해요.

* **함락** 성 등을 공격하여 무너뜨림

오늘의 한문장: ㄱㄱㅊ 이 이끄는 고려군은 귀주에서 거란군을 크게 물리쳤다.

9월 12일

▶ 개항기

· 오늘의 인물은? ·

유 인 석

  을미사변 이후 남성의 상투를 자르고 머리를 깎도록 한 단발령이 시행되었어요. 을미사변과 단발령에 반발하여 양반 유생*을 중심으로 의병이 일어났죠(을미의병). 존경받는 유학자였던 유인석도 의병을 일으켰어요. 유인석이 이끄는 의병은 한때 3천 명에 달할 만큼 기세를 떨쳤으나 전투에서 지면서 세력이 줄었어요. 이후 유인석은 만주로 넘어가 의병 활동을 이어 갔고, 일제에 나라를 빼앗긴 뒤에는 독립운동을 벌이다가 그곳에서 숨을 거두었어요.

* **유생** 유학을 공부하는 선비

오늘의 한 문장   ㅇ ㅇ ㅅ 은 을미사변과 단발령에 반발하여 의병을 일으켰다.

4월 18일

🏳 고려

· 오늘의 인물은? ·

덕 종

현종의 뒤를 이어 왕이 된 덕종은 3년 만에 세상을 떠났어요. 나라를 다스린 짧은 동안에도 거란의 침입으로 혼란한 고려를 안정시키기 위해 여러 정책을 폈어요. 거란에 대해서는 강경한 태도를 유지했어요. 거란과 여진의 침입에 대비해 북쪽 국경 지역에 천리장성을 쌓으라는 명령도 내렸죠. 천리장성은 10여 년에 걸쳐 지어졌으며, 덕종의 뒤를 이은 정종 때 완성되었어요.

오늘의 한 문장 | 고려 ㄷ ㅈ 은 거란과 여진의 침입에 대비하기 위해 천리장성을 쌓기 시작했다.

9월 11일 — 개항기

• 오늘의 인물은? •

명 성 황 후

명성 황후는 고종의 왕비로, 고종이 황제가 된 뒤에 명성 황후라 칭해졌어요. 흥선 대원군이 물러나고 고종이 직접 나라를 다스리자 명성 황후는 남편을 도와 정치에 나섰어요. 청과의 전쟁에서 승리한 일본이 조선 정치에 깊이 간섭하자, 고종과 명성 황후는 러시아를 끌어들여 일본 세력을 누르려 했어요. 이에 위기를 느낀 일본이 경복궁에 침입하여 명성 황후를 시해했어요. 이를 을미사변이라고 해요.

* **시해** 부모나 왕, 왕비 등을 죽임

오늘의 한 문장 고종과 ㅁㅅㅎㅎ 가 러시아를 끌어들여 일본을 누르려 하자 일본이 을미사변을 일으켰다.

4월 19일 오늘은? 4·19 혁명 기념일

🚩 고려

• 오늘의 인물은? •

1등으로 과거에 합격한 **최충**은 오랜 시간 벼슬을 하면서 학자로도 이름 높았어요. 어느덧 나이 들어 벼슬에서 물러난 최충은 나라를 위해 할 수 있는 일을 고민했어요. 그러다 학교를 세우기로 결심했죠. 거란의 침입 이후 나라에서 운영하던 학교들이 제 기능을 하지 못하고 있었거든요. 최충이 세운 9재 학당이 인기를 얻자 다른 사립 학교*들도 생겨났어요. 이를 사학 12도라고 합니다. 9재 학당은 최충의 호* 문헌을 따서 문헌공도라고도 불렸어요.

* **사립 학교** 개인이 세워 운영하는 학교
* **호** 본이름 대신에 쓰는 이름

오늘의 한 문장 ㅊ ㅊ 은 사립 학교인 9재 학당을 열어 교육에 힘썼다.

9월 10일

오늘은?
자살 예방의 날 / 해양 경찰의 날

> 개항기

• 오늘의 인물은? •

이 소 사

　동학 농민 운동은 당시 나쁜 짓을 하는 관리 밑에서 힘들게 살던 사람들에게 희망을 주었어요. 많은 사람이 참여했죠. 그중에는 **이소사**라고 불리는 여성도 있었어요. 이름이 소사냐고요? 그렇지 않아요. 당시 결혼한 여성을 부르던 말이 소사인 것을 보면 정확한 이름이 알려지지 않았다고 보는 게 옳아요. 이소사는 말을 타고 동학 농민군을 이끌며 전투에 참여했어요. 붙잡힌 뒤 특별한 감시 속에서 옮겨진 것을 보면 동학 농민 운동에서 큰 역할을 했던 것만은 분명해 보여요.

오늘의 한 문장　말을 타고 동학 농민군을 이끈 ㅇ ㅅ ㅅ 는 동학 농민 운동 당시 여성 지도자로서 큰 역할을 했다.

4월 20일

오늘은? 장애인의 날

> 고려

• 오늘의 인물은? •

의 천

대각 국사라고도 불리는 **의천**은 고려 제11대 왕 문종의 넷째 아들로 어릴 때 승려가 되었어요. 불교를 더 공부하고 싶어 송으로 가고 싶었지만 사람들이 반대하자 편지만 남기고 몰래 떠났어요. 당시 송에서는 천태종이 유행하고 있었어요. 천태종은 경전* 공부를 중시하지만 수행*도 강조했어요. 의천은 천태종이야말로 고려에 알맞다고 생각했고, 돌아와서는 고려의 특색을 담아 천태종을 열었어요. 이를 해동* 천태종이라 합니다.

* **경전** 종교의 원리나 이치 등을 적은 책
* **수행** 부처의 가르침을 실천하고 불도를 닦는 데 힘씀
* **해동** 우리나라를 이르던 말

경전도 읽고, 수행도 하고!

오늘의 한 문장 대각 국사 ㅇ ㅊ 은 해동 천태종을 열었다.

9월 9일

오늘은?
숙련 기술인의 날

> 개항기

• **오늘**의 인물은? •

| 전 | 봉 | 준 |

  녹두 장군이라고도 불린 **전봉준**은 젊은 시절 동학*을 접한 뒤 동학의 지도자가 되었어요. 당시 전라도 고부의 군수는 백성에게 무거운 세금을 물리고 재산을 빼앗기도 했어요. 이에 분노한 전봉준과 농민들은 봉기를 일으켰어요. 이 봉기는 잘못된 정치를 바로잡고 다른 나라 세력을 물리치려는 큰 규모의 농민 운동으로 발전했는데, 이를 동학 농민 운동이라고 해요. 동학 농민 운동은 전봉준 등의 지도자들이 잡히거나 목숨을 잃으면서 끝이 났어요.

*** 동학** 최제우가 세상과 백성을 구하려는 뜻을 품고 민간 신앙과 다른 종교의 좋은 점을 모아 만든 종교로, 서학(천주교)에 맞선다는 뜻에서 동학이라 이름 붙임

오늘의 한 문장
ㅈ ㅂ ㅈ 을 중심으로 한 농민들이 잘못된 정치를 바로잡기 위해 동학 농민 운동을 일으켰다.

4월 21일

오늘은? 과학의 날

> 고려

• 오늘의 인물은? •

숙 종

　의천은 송에서 공부할 때 화폐의 편리함을 깨닫고 고려에 돌아와 자신의 형인 **숙종**에게 화폐의 사용을 강력히 주장했어요. 숙종은 이를 받아들여 화폐를 만들 기관을 두고 은병이라는 화폐를 만들었어요. 은병은 은으로 만든 병 모양의 화폐로, 병의 입구가 넓어 '넓을 활(闊), 입 구(口)'를 써 활구라고도 불렸죠. 이듬해에는 해동통보라는 동전을 만들었어요. 하지만 당시는 화폐를 활발히 사용할 만큼 경제가 발달하지 않아 널리 사용되지는 못했답니다.

오늘의 한 문장 ｜ 고려 ㅅ ㅈ 은 은병과 해동통보라는 화폐를 만들었다.

9월 8일

🏁 개항기

• 오늘의 인물은? •

유 길 준

 양반 집안에서 태어나 유학을 공부하던 유길준을 새로운 세상으로 이끈 사람은 박규수였어요. 일본과 강화도 조약을 맺은 조선은 새로운 문물을 살펴보기 위해 일본에 조사 시찰단을 보냈는데, 유길준은 사절단을 따라 일본에 가서 학교에 들어가 개화사상을 공부했어요. 조선으로 돌아온 뒤 이번에는 미국으로 가는 사절단에 포함되어 미국과 유럽에 가게 되었어요. 유길준은 이때의 경험을 바탕으로 『서유견문』이라는 책을 썼어요.

오늘의 한 문장 ㅇ ㄱ ㅈ 은 미국과 유럽을 다녀온 경험을 바탕으로 『서유견문』을 썼다.

4월 22일

오늘은? 정보 통신의 날 / 자전거의 날 / 새마을의 날

> 고려

・오늘의 인물은?・

　예종은 여진 문제로 신경이 곤두섰어요. 고려의 북쪽에 흩어져 살던 여진이 부족을 통일하고 힘을 키워 고려의 국경을 자주 침입했거든요. 이에 예종은 윤관을 보내 여진을 정벌했어요. 예종은 학문에도 관심이 많아 국학*에 전문 강좌인 7재를 두고, 장학 재단인 양현고를 만들었어요. 또 가난한 백성을 치료해 주는 혜민국도 만들었답니다.

* **국학** 고려 시대 최고 교육 기관인 국자감의 바뀐 이름

오늘의 한 문장　고려 ㅇ ㅈ 은 윤관을 보내 여진을 정벌했다.

9월 7일

오늘은? 푸른 하늘의 날 / 사회 복지의 날 / 곤충의 날

오늘의 인물은?

김 옥 균

임오군란 이후 청의 간섭이 심해지자 개화를 주장하는 사람들이 나뉘었어요. 김홍집 등은 청과의 관계를 유지하면서 서양 기술만을 받아들이자고 주장했어요. 반면에 김옥균 등은 청과 관계를 끊고 서양 기술뿐만 아니라 사상, 제도까지 받아들여야 한다고 주장했죠. 김옥균은 뜻을 같이하는 박영효, 서광범, 서재필 등과 우정총국*이 생긴 것을 기념하는 축하 행사가 열리는 날 갑신정변을 일으켰어요. 권력을 잡은 김옥균 등은 개혁안을 발표했으나 청 군대가 끼어들면서 3일 만에 실패했어요.

* **우정총국** 우리나라 최초로 우편 업무를 담당하던 관청

오늘의 한 문장 ㄱ ㅇ ㄱ 은 조선을 개혁하고자 갑신정변을 일으켰으나 3일 만에 실패했다.

4월 23일

> 고려

· 오늘의 인물은? ·

여진이 고려의 국경을 자주 침범해 오자, 윤관은 여진을 정벌하기 위한 특별한 군대를 만들자고 건의했어요. 이때 만들어진 군대가 별무반입니다. 윤관은 왕의 명령을 받아 별무반을 이끌고 가서 여진을 내쫓고 그들이 살던 곳에 9개의 성을 쌓았어요. 이를 동북 9성이라고 해요. 그러나 방어에 어려움을 겪던 고려는 여진의 간절한 요청으로 9성에서 물러나고 그 땅을 여진에 돌려주었어요.

오늘의 한 문장 ㅇ ㄱ 은 여진을 정벌하고 동북 9성을 쌓았다.

9월 6일 　개항기

• 오늘의 인물은? •

구 식 군 인

　강화도 조약을 맺은 뒤 조선 정부는 개화 정책을 폈어요. 별기군이란 군대를 만들어 일본인 교관에게 새로운 방식의 군사 훈련을 받게 했죠. 별기군에게는 월급을 많이 주고 좋은 군복도 주었지만, 구식* 군인들에게는 월급도 제때 주지 않는 등 차별했어요. 더 이상 참기 힘들어진 구식 군인들이 난을 일으켰어요(임오군란). 이들을 막기 어려웠던 조선 정부는 청에 도움을 청했고 청 군대가 들어와 난을 진압했어요. 그 뒤 청은 조선의 정치에 깊이 간섭했어요.

*구식 예전의 방식이나 형식

오늘의 한 문장　ㄱ ㅅ ㄱ ㅇ 들은 별기군과의 차별 등에 분노하여 임오군란을 일으켰다.

4월 24일

> 고려

• 오늘의 인물은? •

이 자 겸

이자겸은 대대로 높은 벼슬에 오르고 왕비도 여럿 나온 집안 출신이에요. 이자겸도 둘째 딸을 예종에게 시집보냈고 그 사이에서 인종이 태어났어요. 이자겸은 이번에는 셋째 딸과 넷째 딸을 인종에게 시집보냈어요. 이렇게 왕의 외할아버지이자 장인이 된 이자겸은 마치 자신이 왕인 것처럼 행동했어요. 이자겸의 힘이 너무 커지자 인종은 그의 힘을 꺾으려 했죠. 이를 눈치챈 이자겸은 척준경과 손잡고 반란을 일으켰어요(이자겸의 난). 인종은 척준경을 꼬드겨 자기편으로 만들었고, 결국 이자겸은 지방으로 쫓겨났어요.

내 힘은 왕을 넘어서지!

오늘의 한 문장 고려 인종 때 ㅇ ㅈ ㄱ 이 난을 일으켰으나 실패했다.

9월 5일

개항기

· 오늘의 인물은? ·

신 헌

　흥선 대원군이 물러나고 고종이 직접 정치에 나서면서 다른 나라와 교류하며 새로운 문물을 받아들이자는 의견이 힘을 얻었어요. 이 무렵 허락 없이 강화도 초지진으로 다가오는 일본 군함* 운요호에 조선군이 대포를 쏘며 경고하자, 운요호가 조선군을 공격하는 일이 일어났어요. 이를 구실로 일본은 조선에 통상을 요구했고, 결국 조선은 일본과 강화도 조약*을 맺었어요. 이때 조선을 대표하여 일본 측 대표인 구로다와 회담을 한 사람이 신헌입니다. 신헌은 뒤에 미국과 조약을 맺을 때도 대표로 회담에 나섰어요.

* **군함** 전투에 참여하는 배
* **조약** 나라와 나라 사이의 약속

오늘의 한 문장　　ㅅ ㅎ 은 강화도 조약을 맺을 때 조선 측 대표로 나가 회담을 벌였다.

4월 25일

오늘은? 법의 날

> 고려

• 오늘의 인물은? •

척 준 경

척준경은 여진 정벌 과정에서 공을 세웠어요. 적이 모여 있는 곳으로 말을 타고 거침없이 들어가 싸웠어요. 길주 전투에서는 윤관의 명령을 받아 여진을 공격하여 고려군이 큰 승리를 거둘 수 있도록 힘썼어요. 이런 척준경에게 눈독을 들인 사람이 이자겸이에요. 척준경의 딸을 며느리로 맞았죠. 이자겸이 난을 일으켰을 때 척준경이 함께했어요. 인종은 척준경을 자기편으로 끌어들여 이자겸을 쫓아낸 뒤에 척준경마저 쫓아 버렸어요.

오늘의 한 문장: 여진 정벌에서 공을 세운 ㅊ ㅈ ㄱ 은 이자겸과 함께 난을 일으켰으나 인종에게 설득되어 돌아섰다.

오늘은?
태권도의 날 / 지식 재산의 날 /
고향 사랑의 날

🚩 **개항기**

· **오늘**의 인물은? ·

제너럴셔먼호 사건이 있은 지 몇 년 뒤, 미국이 이 사건을 구실 삼아 통상을 요구하며 강화도를 침략했어요. 미국 군대는 강화도 여기저기를 공격했죠. 어재연은 조선군을 이끌고 광성보에서 미국 군대에 맞서 싸웠지만 패했어요. 하지만 조선군은 포기하지 않았고, 미국 군대는 거센 저항에 물러갔어요. 이를 신미양요*라고 해요. 이후 조선은 서양과 교류하지 않겠다는 의지를 널리 알리기 위해 곳곳에 척화비를 세웠어요.

*양요 서양인이 일으킨 난리라는 뜻으로, 병인년(1866)년과 신미년(1871)에 일어남

어재연 장군을 도와 미국 군대로부터 광성보를 지켜 내자!

오늘의 한 문장 | 신미양요 당시 ○ ㅈ ㅇ 은 강화도 광성보에서 미국 군대에 맞서 싸웠다.

4월 26일

> 고려

• 오늘의 인물은? •

묘청

  이자겸의 난으로 혼란한 사이 승려 **묘청**은 인종에게 개경(지금의 개성)의 기운이 약해졌으니 서경(지금의 평양)으로 도읍을 옮겨야 한다고 건의했어요. 정지상과 같은 서경 출신 젊은 관리들이 뜻을 함께했죠. 인종은 서경에 궁궐을 짓고 도읍을 옮기려 했어요. 그러나 개경에 기반을 둔 신하들이 반대하고 인종의 마음이 돌아서 서경으로 도읍을 옮기려는 계획이 꺾였어요. 그러자 묘청은 서경에서 난을 일으켰어요. 묘청의 난은 1년여 만에 김부식이 이끄는 군대에 진압되었어요.

오늘의 한 문장: ㅁ ㅊ 은 서경으로 도읍을 옮기자고 주장하다가 받아들여지지 않자 난을 일으켰다.

9월 3일

개항기

• 오늘의 인물은? •

박 규 수

박지원의 손자인 **박규수**가 평안도에서 관리로 있을 때 미국 배인 제너럴셔먼호가 통상을 요구하며 평양으로 들어와 조선 사람을 죽이는 일이 일어났어요. 이에 박규수는 불화살로 공격해 제너럴셔먼호를 불태웠어요(제너럴셔먼호 사건). 그 뒤에 박규수는 흥선 대원군에게 항구를 열어 다른 나라와 교류할 것을 건의했지만 받아들여지지 않자 벼슬에서 물러났어요. 박규수는 자신의 집에 젊은이들을 모아 놓고 자신의 생각과 새로운 사상을 가르쳐 뒷날 개화파가 형성되는 데 영향을 미쳤어요.

* **개화** 서양의 새로운 문화와 제도를 받아들이는 것

오늘의 한 문장 ㅂ ㄱ ㅅ 는 개화파가 형성되는 데 큰 영향을 미쳤다.

4월 27일

고려

• 오늘의 인물은? •

김 부 식

김부식은 개경에 기반을 둔 세력의 하나로, 묘청과 부딪혔어요. 묘청이 서경에서 난을 일으키자 인종의 명령을 받아 이를 진압했죠. 김부식이 벼슬에서 물러나자 인종은 김부식에게 역사책을 만들라는 명령과 함께 그를 도와줄 젊은 관리들을 보냈어요. 김부식은 자료를 모아 연구하여 신라, 고구려, 백제의 역사를 다룬 『삼국사기』라는 역사책을 남겼어요. 『삼국사기』는 지금까지 남아 있는 우리나라에서 가장 오래된 역사책이에요.

오늘의 한 문장 ㄱ ㅂ ㅅ 은 고려 인종의 명령을 받아 역사책인 『삼국사기』를 만들었다.

9월 2일 개항기

· 오늘의 인물은? ·

양 헌 수

　흥선 대원군이 권력을 잡고 있을 무렵, 서양의 배가 조선 바닷가에 나타나 통상*을 요구했어요. 조선 정부가 서양 세력의 접근을 경계하며 이를 거부하면 조선을 침략하기도 했어요. 프랑스는 조선이 프랑스인 선교사와 천주교 신자를 죽인 사건(병인박해)을 구실로 강화도를 침략했어요. **양헌수**는 조선군을 이끌고 정족산성(삼랑성)에서 프랑스군에 맞서 싸워 이겼어요. 조선군의 거센 저항에 프랑스군은 물러가면서 강화도에 보관 중이던 외규장각 의궤와 문화유산을 빼앗아 갔어요. 이를 병인양요라고 해요.

*통상 나라와 나라 사이에 물건 등을 사고파는 것

오늘의 한 문장　병인양요 때 ㅇ ㅎ ㅅ 는 강화도 정족산성에서 프랑스군에 맞서 싸워 이겼다.

4월 28일

오늘은? 충무공 이순신 탄신일

> 고려

• 오늘의 인물은? •

정 지 상

  일곱 살의 어린 **정지상**은 강에서 노니는 오리를 보고 "누가 흰 붓을 가지고 乙(을)자를 강물에 썼을까요?"라는 시를 지었어요. 정지상은 과거에 합격하여 관리가 되었지만 시인으로도 유명했어요. 묘청의 난을 진압하는 임무를 맡은 김부식은 정지상이 난에 함께하니 그를 죽여야 난을 진압할 수 있다고 주장했고, 결국 천재 시인 정지상은 목숨을 잃었어요. 뒷날 사람들은 김부식이 자신보다 시를 더 잘 짓던 정지상을 질투하여 죽인 것이라고 수군거렸대요.

오리가 乙(을)자 같아요.

오늘의 한 문장   고려의 천재 시인 ㅈ ㅈ ㅅ 은 묘청의 난 때 목숨을 잃었다.

9월 1일

오늘은? 통계의 날 / 여권통문의 날

개항기

• 오늘의 인물은? •

흥 선 대 원 군

고종이 어린 나이에 왕이 되자 아버지인 **흥선 대원군**이 권력을 잡고 나랏일을 도맡았어요. 흥선 대원군은 조선을 개혁하기 위해 애썼어요. 세금을 면제받고 백성을 괴롭히던 서원을 47곳만 남기고 정리했고, 세금 제도를 고쳐 양반에게도 **군포**를 거두었어요. 또 왕실의 권위를 높이기 위해 임진왜란 때 불탄 경복궁을 다시 지었어요.

* **대원군** 왕에게 자식이 없어 왕족이 왕위를 이었을 때 새 왕의 아버지에게 주던 벼슬
* **군포** 조선 시대에 남성이 군대에 가지 않는 대신에 나라에 내던 세금

오늘의 한 문장 ㅎ ㅅ ㄷ ㅇ ㄱ 은 서원을 정리하고 경복궁을 다시 지었다.

4월 29일

> 고려

· 오늘의 인물은? ·

정 중 부

고려의 관리는 크게 문신과 무신으로 나뉘었어요. 높은 관직은 문신이 차지했고 무신을 차별했어요. 무신의 불만은 쌓여 갔죠. 어느 날 의종이 무신들을 불러 무술 시합을 시켰는데, 대장군 이소응이 젊은 부하에게 밀리자 한 문신이 이소응의 뺨을 때렸어요. 이를 지켜본 무신 **정중부**는 굳은 결심을 했죠. 어둠이 깔리자 정중부 등 무신들은 문신들을 죽이고 권력을 차지했어요(무신 정변). 이후 의종을 내쫓고 새 왕을 세웠어요. 이처럼 무신들이 권력을 잡고 정치를 이끈 시기를 무신 정권 시기라고 해요.

* **문신** 과거에서 유학 경전 등을 시험 보는 문과에 합격한 신하들
* **무신** 무예 등을 시험 보는 무과에 합격한 신하들로 주로 군사 문제를 담당함

문신은 모두 없애라!

오늘의 한 문장 고려 의종 때 ㅈ ㅈ ㅂ 는 차별받는 무신들과 함께 무신 정변을 일으켰다.

9월

개항기

4월 30일

🚩 고려

• 오늘의 인물은? •

김 보 당

무신이 정변을 일으켜 권력을 차지하자 이에 반대하는 움직임도 나타났어요. 대표적인 것이 **김보당**이 일으킨 난입니다. 김보당은 권력을 잡은 무신들이 하는 행동이 마음에 들지 않았어요. 그래서 세상을 바로잡고자 난을 일으켰어요. 권력을 차지한 정중부, 이의방 등을 몰아내고 이전 왕인 의종을 다시 세우려 했죠. 하지만 김보당의 난은 실패로 끝났고, 죽을 때 문신으로 이 난에 함께하지 않은 사람이 없다고 말해 많은 문신이 죽임을 당했어요. 의종도 이때 목숨을 잃었어요.

다시 이전 왕을 세우자.

오늘의 한 문장 ㄱ ㅂ ㄷ 은 고려 의종을 다시 왕으로 세우고자 난을 일으켰으나 실패했다.

8월 31일

> 조선

• 오늘의 인물은? •

신 재 효

판소리는 여러 사람이 모인 장소라는 뜻의 '판'과 노래를 뜻하는 '소리'가 합쳐진 말로, 소리꾼이 북장단에 맞춰 노래와 말, 몸동작으로 이야기를 풀어 가는 공연을 말해요. 2003년 유네스코 무형 문화유산에 오른 우리 전통 예술이에요. 판소리가 우리의 대표적인 예술 문화로 자리 잡을 수 있었던 것은 **신재효**가 있었기 때문이에요. 신재효는 판소리를 정리하고 가사도 수정했으며 판소리 이론도 세웠어요.

내가 판소리 체계를 세웠지.

오늘의 한 문장 ㅅ ㅈ ㅎ 는 판소리를 체계적으로 정리했다.

5월

고려2

8월 30일

> 조선

• 오늘의 인물은? •

임 상 옥

임상옥이 태어난 의주는 청과의 무역이 활발한 지역으로, 이곳을 근거지로 활동하는 상인을 만상이라고 해요. 임상옥도 청과의 무역으로 큰돈을 벌었어요. 우리나라 최초로 인삼을 청에 팔 수 있는 독점적인 권리도 얻었죠. 어느 날 청 상인들이 싸게 사기 위해 자기들끼리 짜고 조선 인삼을 사지 않자, 청 상인들이 보는 앞에서 인삼을 불태웠어요. 놀란 청 상인들이 임상옥을 말리고 인삼을 사 갔다고 해요. 돈보다 사람을 중시해야 한다고 생각한 임상옥은 나이가 들어 자신의 재산을 가난한 사람을 위해 썼어요.

*독점적 물건이나 자리 등을 독차지하는 것

오늘의 한 문장 조선 후기 상인 ㅇ ㅅ ㅇ 은 청과의 인삼 무역으로 큰돈을 벌었다.

5월 1일 — 오늘은? 근로자의 날

> 고려

• 오늘의 인물은? •

조 위 총

　김보당의 난이 진압되고 1년 뒤에 또다시 무신 정권에 맞서 난이 일어났어요. 서경(지금의 평양)의 관리였던 **조위총**이 북쪽 여러 지역 사람들과 힘을 합쳐 들고일어났죠. 조위총은 군사를 일으켜 도읍인 개경으로 향했어요. 한때 개경 부근까지 나아갔으나 크게 패했고 다급해진 조위총은 서경으로 물러났어요. 그곳에서 버티며 3년이나 끌었던 조위총의 난은 결국 진압되었고, 조위총은 붙잡혀 목숨을 잃었어요.

오늘의 한 문장　ㅈ ㅇ ㅊ 은 무신 정권에 맞서 서경에서 군사를 일으켰으나 실패했다.

8월 29일

조선

· 오늘의 인물은? ·

김 정 호

　지금의 지도와 견주어도 손색없는 『대동여지도』를 만든 사람은 **김정호**예요. 김정호는 일찍부터 지리에 관심을 가지고 지도와 지리책을 연구했어요. 그것을 바탕으로 우리나라의 산, 강, 길 등을 자세하게 표시한 『대동여지도』를 만들 수 있었죠. 김정호는 실생활에 쓰기 위해 이 지도를 만들었어요. 10리마다 눈금을 표시하여 거리를 알 수 있게 했고, 중요한 지형이나 시설을 기호로 표현했어요. 들고 다니기 편하게 차곡차곡 접을 수 있게 했죠. 22권의 지도책을 모두 펼쳐 이으면 우리나라 지도가 됩니다.

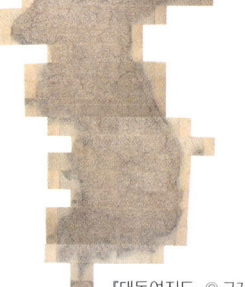

『대동여지도』 © 국가유산청

오늘의 한 문장　ㄱ ㅈ ㅎ 는 우리나라 전국 지도인 『대동여지도』를 만들었다.

5월 2일

> 고려

• 오늘의 인물은? •

경 대 승

　무신 정변 이후 권력을 잡기 위한 무신들의 다툼이 이어졌어요. 처음에는 정중부와 함께 무신 정변을 주도한 이의방이 권력을 잡았어요. 이의방이 마음대로 권력을 휘두르자 정중부가 그를 없앴어요. 하지만 정중부도 오래가지 못했어요. 횡포를 부리다 젊은 장군 **경대승**에게 목숨을 잃었거든요. 권력을 차지한 경대승은 병사들을 자기 집에 두고 훈련시키면서 자신을 지키게 했는데, 이를 도방이라고 해요. 경대승이 병에 걸려 일찍 죽자 도방도 흩어졌는데, 뒤에 최충헌이 다시 만들었어요.

오늘의 한 문장　ㄱ ㄷ ㅅ 은 자신을 보호하기 위해 도방을 처음으로 만들었다.

8월 28일

🏳 조선

· 오늘의 인물은? ·

김 정 희

'**김정희**' 하면 독창적인 서체인 추사체가 떠오를 거예요. 하지만 김정희는 실학자이자 그림에도 뛰어난 사람이었답니다. 김정희는 북한산에 세워져 있던 비석을 연구하여, 무학 대사의 비로 알려졌던 이 비석이 신라 진흥왕 순수비였음을 밝혀냈어요. 제주도에 유배 갔을 때에는 자신을 잊지 않고 귀한 책을 보내 준 제자 이상적에게 고마움을 담아 「세한도」라는 그림을 그려 주었어요. 이 그림은 지금까지 남아 있어 김정희의 뛰어난 그림 실력을 알 수 있어요.

이 비석은 신라 진흥왕 순수비야!

오늘의 한 문장 ㄱㅈㅎ 는 북한산에 있던 비석을 연구하여 그것이 신라 진흥왕 순수비임을 밝혀냈다.

5월 3일 — 고려

• 오늘의 인물은? •

이 의 민

　이의민의 아버지는 소금 장수, 어머니는 노비였어요. 워낙 몸집이 좋고 무술을 잘해 군인이 되어 의종의 사랑을 받았죠. 김보당의 난이 일어났을 때 정중부의 명령을 받은 이의민은 자신을 아껴 주던 의종을 죽이고 그 공으로 높은 자리에 올랐어요. 하지만 권력을 잡은 경대승이 왕을 죽인 이의민을 거세게 비판하자 고향으로 내려가 때를 기다렸어요. 경대승이 죽자 이제 세상은 이의민의 것이 되었어요. 이의민은 권력을 이용해 나쁜 짓을 일삼았으며, 결국 최충헌에게 목숨을 잃었어요.

> 나는 낮은 신분이었지만 최고 권력자가 되었지.

오늘의 한 문장: ㅇㅇㅁ은 낮은 신분으로 최고 권력자가 되었으나 결국 최충헌에게 목숨을 잃었다.

8월 27일

조선

• 오늘의 인물은? •

이 제 마

  한의학에서 허준과 함께 중요한 인물로 꼽히는 **이제마**. 이제마는 한의학을 연구하여 '사상 의학'이라는 의학 이론을 제시하고, 『동의수세보원』이라는 의학책을 썼어요. 사상 의학은 같은 질병이라도 사람의 체질에 따라 치료 방법을 달리해야 한다는 이론이에요. 이제마는 사람의 체질을 태양인, 태음인, 소양인, 소음인의 4가지로 나누고 특성에 따라 병을 치료했어요.

오늘의 한 문장   ㅇ ㅈ ㅁ 는 사람의 체질에 따라 같은 병이라도 다른 치료 방법을 써야 한다는 사상 의학을 제시했다.

5월 4일

고려

• 오늘의 인물은? •

최 충 헌

최충헌은 유명한 무신 집안 출신이었어요. 이런 그의 눈에 신분이 낮은 이의민이 마음에 들 리가 없었죠. 게다가 이의민이 횡포를 부리자, 기회를 노리던 최충헌은 이의민을 몰아냈어요. 권력을 잡은 최충헌은 임금에게 어지러운 나라를 바로잡기 위해 「봉사 10조」를 올렸으나 이는 말뿐이었어요. 자신의 재산을 불리기에 바빴고, 반대하는 사람은 모조리 쫓아냈죠. 최충헌은 교정도감을 만들어 이곳에서 나랏일을 모두 처리했어요.

오늘의 한 문장 ㅊ ㅊ ㅎ 은 교정도감을 만들어 이곳에서 나랏일을 모두 처리했다.

8월 26일

조선

• 오늘의 인물은? •

홍경래

 정조가 죽고 나이 어린 순조가 왕이 되면서 왕실과 결혼 관계를 맺은 몇몇 가문이 권력을 잡고 나랏일을 마음대로 하는 세도 정치가 나타났어요. 이 시기 나쁜 관리들이 정해진 것보다 더 많은 세금을 거두어들여 백성의 삶이 힘들어졌어요. 이에 곳곳에서 봉기가 일어났는데, 대표적인 것이 **홍경래**의 난이에요. 홍경래는 서북 지방, 즉 평안도 지역에 대한 차별과 세도 정치에 반발하여 봉기했어요. 봉기가 일어나자 가난한 농민, 광산 노동자 등 다양한 사람들이 참여했죠. 그러나 홍경래의 난은 결국 진압되었어요.

평안도 지역 차별 반대!

오늘의 한 문장 조선 순조 때 지역 차별에 반발한 ㅎ ㄱ ㄹ 가 평안도에서 봉기했다.

5월 5일 오늘은? **어린이날**

잘 살려면 어린이를 위하라!

　예전에는 '어린이'라는 말이 없었어요. 방정환이 아이를 존중하자는 뜻에서 처음으로 사용하기 시작했죠. 방정환은 어린이가 잘 자라야 나라의 미래가 있다고 생각하여 색동회라는 단체를 만들고 어린이를 위한 여러 운동을 벌였어요. 1923년 5월 1일에는 사람들에게 이러한 뜻을 널리 알리기 위해 '어린이날'을 정하고 기념행사를 열었어요. 어린이날은 1945년 광복* 이후 5월 5일로 날짜가 바뀌어 지금까지 이어져 오고 있어요.

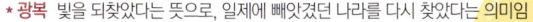

* 광복 빛을 되찾았다는 뜻으로, 일제에 빼앗겼던 나라를 다시 찾았다는 의미임

8월 25일

조선

• 오늘의 인물은? •

이 빙 허 각

이빙허각은 조선 후기 여성 실학자예요. 가정 살림에 관한 내용을 엮어 실생활에 도움이 되는 『규합총서』라는 책을 썼죠. '규합'은 안주인이 머무는 안방을 뜻하고, '총서'는 여러 가지 정보를 모은 책이라는 뜻이에요. 이 책은 조리법, 농사법, 태교와 육아 방법 등 일상생활에서 활용되는 지식을 자세하게 담고 있는 백과사전과 같은 책이에요. 이빙허각은 자신이 실제로 해 본 결과를 실어 사람들이 읽어 보고 쉽게 따라 할 수 있게 했어요.

오늘의 한 문장 여성 실학자 ㅇ ㅂ ㅎ ㄱ 은 가정 살림에 관한 내용을 담은 『규합총서』를 썼다.

5월 6일

> 고려

• 오늘의 인물은? •

| 만 | 적 |

"장군과 재상의 씨가 따로 있다더냐!" 노비 **만적**이 한 말이에요. 노비는 나라나 주인을 위해 일하며, 물건처럼 사고팔 수 있는 가장 낮은 신분이었죠. 노비 출신인 이의민이 나라를 좌지우지하는 일이 일어나자 만적은 희망을 품었어요. 난을 일으켜 노비 신분에서 벗어나야겠다고 생각했죠. 만적은 개경에서 노비들을 모아 난을 일으키고 노비 문서를 불태우기로 했어요. 그런데 불안해진 노비 한 명이 주인에게 고자질하여 계획이 들통나, 만적 등 많은 노비들이 목숨을 잃었어요.

노비 문서를 불태웁시다.

오늘의 한 문장 ㅁ ㅈ 은 노비 신분에서 벗어나기 위해 개경에서 반란을 계획했다.

8월 24일

조선

· 오늘의 인물은? ·

김 만 덕

"제주를 벗어나 궁궐과 금강산에 가 보는 것입니다." 소원을 묻는 정조에게 **김만덕**이 한 말이에요. 제주에서 태어난 김만덕은 어려서 부모를 잃고 어렵게 자랐어요. 커서 장사를 시작하여 제주 물건을 육지에 팔고 육지 물건을 제주에 팔아 큰돈을 모았어요. 제주에 계속 자연재해가 일어나 굶주리는 사람이 많아지자 김만덕은 기꺼이 자신의 재산을 내놓았어요. 그 돈으로 육지에서 쌀을 사 와 제주 백성에게 나누어 주었죠. 이 일을 알게 된 정조는 그녀에게 소원을 물었고 금강산을 구경하게 해 주었어요.

오늘의 한 문장   ㄱ ㅁ ㄷ 은 자신의 재산을 내어 굶주리는 제주 백성에게 쌀을 나누어 주었다.

5월 7일 — 고려

오늘의 인물은?

지눌

보조 국사라고도 불리는 **지눌**이 활동할 당시에 많은 승려가 잘못된 길로 빠져서 경전을 읽거나 수행하는 데 소홀했어요. 지눌은 이를 비판하고 수선사 결사*를 만들어 승려 본래의 모습으로 돌아가자는 개혁* 운동을 폈어요. 또 지눌은 깨닫기 위해 경전 공부를 중시하는 교종과 마음을 닦아 깨달음을 얻는 것을 중시하는 선종으로 나뉘어 싸우던 고려 불교를 통합하려 했어요.

* **결사** 공동의 목적을 이루기 위해 만든 단체
* **개혁** 낡은 제도나 기구 등을 새롭게 뜯어 고침

오늘의 한 문장 고려의 승려 ㅈㄴ 은 수선사 결사를 만들어 불교 개혁 운동을 벌였다.

8월 23일

🚩 조선

· 오늘의 인물은? ·

임 윤 지 당

  조선 시대에 성리학을 공부하여 높은 수준에 이른 여성도 있었어요. **임윤지당**이 대표적입니다. 당시에는 좋은 집안도 보통 딸에게는 학문을 깊이 가르치지 않았는데, 임윤지당은 훗날 뛰어난 학자가 되는 둘째 오빠에게 글과 학문을 배웠어요. 결혼 후에도 오빠와 편지를 주고받으며 학문의 깊이를 더했죠. 임윤지당은 성리학과 정치, 역사에 관한 여러 글을 썼는데, 그녀가 죽은 뒤에 동생과 시동생이 그 글을 묶어 『윤지당유고』라는 책을 펴냈어요.

오늘의 한 문장   ㅇ ㅇ ㅈ ㄷ 은 조선 시대 여성 성리학자로 『윤지당유고』를 남겼다.

5월 8일 오늘은? 어버이날

🚩 고려

· 오늘의 인물은? ·

최충헌이 죽고 그의 아들 **최우**가 권력을 잡았어요. 최우는 관리를 뽑는 일 등을 하는 정방을 만들었어요. 심지어 정방은 최우의 집 안에 있었어요. 정방에서 결정하면 왕은 그저 따를 뿐이었죠. 몽골이 쳐들어오자 고려는 최우의 주장에 따라 도읍을 강화도로 옮겼고, 백성에게는 산성이나 섬으로 들어가 몽골에 맞서 싸우라고 했어요. 최우는 강화도에서 개경에서처럼 화려한 생활을 하여 백성들로부터 원망을 샀어요.

오늘의 한 문장 고려는 몽골이 침입하자 ㅊ ㅇ 의 주장에 따라 도읍을 강화도로 옮겼다.

8월 22일

조선

• 오늘의 인물은? •

신 윤 복

　신윤복은 아버지와 할아버지가 모두 도화서의 관리였을 정도로 대대로 그림에 뛰어난 집안 출신이에요. 조선 후기에 김홍도와 쌍벽을 이루는 풍속화가로 손꼽히죠. 김홍도가 주로 일반 백성의 삶을 그림으로 남겼다면, 신윤복은 양반이나 여성의 생활 모습을 즐겨 표현했어요. 대표적인 작품으로 조선 시대 여성의 모습을 그린 「미인도」, 단옷날 여성들의 모습을 그린 「단오풍정」 등이 있어요.

오늘의 한 문장　ㅅ ㅇ ㅂ 은 「미인도」 등 양반이나 여성의 생활 모습을 그린 그림을 많이 남겼다.

5월 9일

고려

• 오늘의 인물은? •

고종 때는 여러 차례 몽골이 침입하여 힘든 시기였어요. 이때 최우가 나서 팔만대장경을 만들자고 했어요. 거란이 침입했을 때 초조대장경을 만들었다는 거 기억하죠? 초조대장경이 몽골의 침입으로 불타 버렸어요. 고려 사람들은 부처의 힘으로 몽골의 침입을 이겨 내고자 하는 마음을 담아 다시 대장경을 만들었어요. 이것이 팔만대장경이랍니다.

오늘의 한 문장 고려 ㄱㅈ 때 부처의 힘으로 몽골의 침입을 이겨 내고자 팔만대장경을 만들었다.

8월 21일

조선

· 오늘의 인물은? ·

김 홍 도

　사람들의 생활 모습을 그린 그림을 풍속화라고 해요. 조선 시대를 대표하는 풍속화가로 **김홍도**가 있어요. 김홍도는 조선 시대 그림 그리는 일을 담당하던 도화서의 관리가 되어 많은 그림을 직접 그리고 다루었죠. 영조와 세손(훗날 정조)의 초상화를 그릴 정도로 뛰어난 화가였어요. 김홍도는 일반 백성의 삶을 실감 나게 그렸는데, 그가 남긴 「서당도」, 「씨름도」 등을 통해 조선 후기 사람들의 모습을 짐작할 수 있답니다.

「서당도」 ⓒ 국립중앙박물관

「씨름도」 ⓒ 국립중앙박물관

오늘의 한 문장　ㄱ ㅎ ㄷ 는 「서당도」, 「씨름도」 등 많은 풍속화를 남겼다.

5월 10일

오늘은?
유권자의 날 / 바다 식목일 /
한 부모 가족의 날 / 양잠인의 날

고려

• 오늘의 인물은? •

| 박 | 서 |

몽골군이 침입했을 때 귀주성에는 <u>박서</u>가 있었어요. 귀주? 맞아요. 강감찬의 지휘로 거란의 군대를 크게 물리쳤던 귀주 대첩이 있었던 그곳이에요. 몽골군은 30일 동안 많은 군사로 귀주성을 둘러싼 채 성 아래로 접근하여 굴을 뚫기도 하고 수레에 풀 더미를 싣고 불을 지르기도 하는 등 온갖 방법으로 공격했어요. 그때마다 박서가 적절한 방법으로 대응하여 성을 굳게 지켰어요.

오늘의 한 문장 ㅂ ㅅ 가 이끄는 고려군은 귀주성에서 몽골군을 물리쳤다.

8월 20일

> 조선

· 오늘의 인물은? ·

유 득 공

  서자 출신인 <u>유득공</u>은 정조 덕분에 규장각에 관리로 들어가 역사와 지리를 깊이 있게 공부할 수 있었어요. 이를 바탕으로 『발해고』라는 역사책을 썼어요. 신라가 삼국을 통일하고 그 북쪽에는 발해가 세워졌어요. 유득공은 『발해고』에서 발해가 고구려를 이은 나라임을 밝혔고, 신라와 발해가 함께 있던 이 시기를 '남북국 시대'로 봐야 한다고 주장했어요. 신라와 발해를 가리켜 '남북국'이라는 말을 처음으로 사용했죠.

오늘의 한 문장 ㅇ ㄷ ㄱ 은 『발해고』에서 신라와 발해를 가리켜 남북국이라고 칭했다.

5월 11일

오늘은? 동학 농민 혁명 기념일 / 입양의 날

🚩 고려

• 오늘의 인물은? •

김 윤 후

고려 군대와 백성은 몽골의 침략에 맞서 싸웠어요. 특히 고려의 승려였던 **김윤후**는 몽골군이 용인의 처인성을 공격해 오자 백성과 함께 몽골군 대장 살리타를 죽이고 몽골군을 물리쳤어요. 그 뒤에 김윤후는 충주성에서도 몽골군과 싸워 승리했어요. 이때 노비 문서를 불태우고 공을 세우는 사람에게 신분에 관계없이 벼슬을 줄 것을 약속하여 백성에게 용기를 북돋워 주었어요.

오늘의 한 문장: ㄱ ㅇ ㅎ 는 백성과 함께 처인성과 충주성에서 몽골군을 물리쳤다.

8월 19일

> 조선

• 오늘의 인물은? •

홍 대 용

　실학자 **홍대용**은 과학 기술에 관심이 많았어요. 『의산문답』이라는 책을 써서 둥근 지구가 하루에 한 번씩 스스로 돌고 있다는 지전설과 우주는 무한하다는 무한 우주론을 주장했어요. 당시 조선에서는 앞선 생각이었죠. 홍대용은 중국을 세상의 중심으로 보던 당시 조선 사람들에게 지구가 둥글기 때문에 기준을 어디에 두느냐에 따라 세상의 중심이 바뀔 수 있다고 한 거예요. 이는 중국 중심에서 벗어나서 조선도 중심이 될 수 있다는 생각을 갖게 했어요. 홍대용은 혼천의 등 천문 관측 기구도 만들었답니다.

지구는 스스로 돈대

오늘의 한 문장 　실학자 ㅎ ㄷ ㅇ 은 과학 지식에 밝아 『의산문답』에서 지전설과 무한 우주론을 주장했다.

5월 12일

> 고려

•오늘의 인물은?•

이 규 보

이규보는 과거에서 1등으로 합격했어도 벼슬길이 순조롭지 못했어요. 무신이 권력을 잡고 있던 시기였기 때문이에요. 그러던 이규보에게 기회가 왔어요. 최충헌을 만난 것이죠. 이규보는 최충헌을 나라에 큰 공을 세운 사람으로 기리는 시를 지었는데, 빼어난 문장에 감탄한 최충헌이 그에게 벼슬을 주었어요. 이처럼 글솜씨가 뛰어났던 이규보가 죽은 뒤에 아들이 그가 지은 글을 모아 책을 만들었는데, 그 책이 『동국이상국집』이에요. 이 책에는 고구려를 세운 주몽의 이야기를 시로 표현한 「동명왕편」이 담겨 있어요.

오늘의 한 문장 ㅇ ㄱ ㅂ 는 고구려를 세운 주몽의 이야기를 시로 표현한 「동명왕편」을 남겼다.

8월 18일

조선

• 오늘의 인물은? •

박 제 가

박제가는 박지원의 제자이자 뜻을 같이한 학자였어요. 사신으로 네 차례나 청에 다녀와 청의 발달한 문물을 경험하고 『북학의』라는 책을 지었어요. 이 책에서 박제가는 우물물을 퍼내면 계속 솟아나지만 쓰지 않으면 말라버리는 것처럼 물건을 사는 사람이 많아져야 새로운 물건을 만드는 생산 활동이 활발해진다고 주장했어요. 그러니 무조건 아끼는 것보다는 적절히 소비를 해야 한다고 강조했죠. 또 수레와 배의 이용을 권장했어요.

오늘의 한 문장 ㅂ ㅈ ㄱ 는 청에 다녀온 뒤에 『북학의』라는 책을 썼다.

5월 13일

🚩 고려

· 오늘의 인물은? ·

원 종

　몽골과의 전쟁이 길어지면서 고려도 지쳐갔어요. 몽골과 강화*를 맺기 위해 뒤에 <u>원종</u>이 되는 태자가 몽골에 갔어요. 몽골에 도착했을 때 칸*이 죽고 동생들이 서로 칸이 되기 위해 경쟁하고 있었죠. 원종이 만난 사람은 쿠빌라이였어요. 쿠빌라이는 당 태종도 굴복시키지 못했던 그 나라의 태자가 나에게 왔다며 크게 기뻐했죠. 쿠빌라이는 뒤에 몽골의 칸이 되었어요. 이 만남으로 고려는 몽골과 강화하면서 고유의 전통과 제도를 유지할 수 있게 되었어요.

* **강화** 전쟁을 하던 두 나라가 싸움을 멈추고 평화로운 상태가 됨
* **칸** 몽골의 황제

오늘의 한 문장　ㅇ ㅈ 과 쿠빌라이의 만남으로 고려는 몽골과 강화하면서 고유의 전통과 제도를 유지할 수 있었다.

8월 17일

조선

· 오늘의 인물은? ·

박지원은 벼슬에 뜻을 두지 않고 학문 연구에 힘썼어요. 그러다 사신으로 떠나는 친척을 따라 청에 갔어요. 청에서 수레로 물건을 빠르게 옮기고, 벽돌을 이용해 건축 기간을 줄이는 등의 모습을 본 박지원은 청의 새로운 문물을 받아들여야 한다고 생각했어요. 이때의 경험을 담은 책이 『열하일기』랍니다. 글재주가 뛰어났던 박지원은 「양반전」, 「허생전」과 같은 한문 소설을 지어 당시 사회의 문제점을 비판했어요.

오늘의 한 문장   ㅂ ㅈ ㅇ 은 『열하일기』를 지어 청의 새로운 문물을 받아들이자고 주장했다.

5월 14일

오늘은?
식품 안전의 날

► 고려

• 오늘의 인물은? •

배 중 손

최우가 도둑을 잡기 위해 야별초를 설치했어요. 그 뒤에 야별초를 좌별초와 우별초로 나누고, 몽골에 포로로 잡혔다가 탈출한 사람들로 구성된 신의군을 합쳐 삼별초라 불렀죠. 삼별초는 무신 정권을 뒷받침했으며, 몽골군과의 전투에서 활약했어요. 원종이 몽골과 강화를 맺고 다시 개경으로 도읍을 옮기려 하자, 삼별초는 이에 반대하고 고려 정부와 몽골에 맞서 싸웠어요. 이를 이끈 사람이 **배중손**이에요. 배중손은 삼별초와 그들을 도와주는 백성을 이끌고 진도로 갔어요. 하지만 고려와 몽골 군대가 진도를 공격하여 배중손이 죽고 많은 군사가 목숨을 잃었어요.

오늘의 한 문장 ㅂ ㅈ ㅅ 이 이끄는 삼별초는 진도에서 고려와 몽골 군대에 맞서 싸웠다.

8월 16일

> 조선

• 오늘의 인물은? •

정 약 용

정약용은 조선 후기의 실학자로, 백성의 생활에 도움을 주기 위해 다양한 연구를 했어요. 수원 화성을 설계하고 도르래의 원리를 이용한 거중기를 만들어 공사에 도움을 주었어요. 정조가 수원 화성에 갈 때에는 안전하게 한강을 건널 수 있도록 배 80여 척을 연결한 뒤 그 위에 판자를 놓아 배다리를 만들었죠. 정조가 죽은 뒤에 정약용은 정치 세력 간의 다툼에 얽혀 긴 시간 동안 유배*를 떠나야 했어요. 그 기간 동안 학문을 연구하여 지방 관리가 지켜야 할 내용을 담은 『목민심서』, 여러 제도의 개혁 방법을 제시한 『경세유표』 등 수많은 책을 남겼어요.

* **유배** 죄 지은 사람을 먼 곳으로 보내 살게 하는 형벌

오늘의 한 문장 ㅈ ㅇ ㅇ 은 거중기를 만들어 수원 화성을 지을 때 도움을 주었다.

5월 15일

오늘은? 스승의 날 / 가정의 날

🚩 고려

• 오늘의 인물은? •

김 통 정

고려와 몽골 군대의 공격에 배중손과 많은 군사가 죽자 **김통정**은 남은 사람들을 모아 탐라, 즉 제주도로 떠났어요. 탐라에서 성을 쌓고 고려와 몽골의 공격에 대비했어요. 여러 차례 사람이 와서 항복을 권했지만 김통정은 이를 모두 거부했어요. 그러자 고려와 몽골의 군대가 탐라에 쳐들어왔어요. 삼별초는 끝까지 맞서 싸웠지만 결국 무너져 버렸고, 김통정도 탐라에서 삶의 마지막 순간을 맞이했어요.

오늘의 한 문장: 삼별초는 제주도에서 ㄱ ㅌ ㅈ 을 중심으로 고려와 몽골의 군대에 맞서 싸웠다.

8월 15일 광복절

오늘은?

　1945년 8월 15일, 우리는 광복을 맞이했어요. '광복(光復)'이란 빛을 회복했다는 뜻으로, 빼앗긴 나라를 도로 찾는 것을 말해요. 우리나라의 광복은 일본이 제2차 세계 대전에서 패해 얻은 것이기도 하지만, 우리가 독립을 위해 끊임없이 노력한 결과이기도 하다는 것을 잊지 말아야 해요. 우리가 광복을 맞이하고 3년 뒤인 1948년 8월 15일에는 대한민국 정부가 세워졌어요. 우리나라가 광복된 것을 기념하고 대한민국 정부 수립*을 축하하는 의미에서 8월 15일을 국경일로 정했답니다.

*수립 나라나 정부, 제도, 계획 등을 이룩하여 세움

5월 16일

고려

· 오늘의 인물은? ·

충 렬 왕

몽골과의 전쟁이 끝난 뒤 고려는 몽골(원*)의 정치적 간섭을 받았어요. 고려 왕은 원의 공주와 결혼했고 왕자들은 원에서 자라며 교육받았어요. 원의 공주와 처음으로 결혼한 왕이 **충렬왕**이에요. 충렬왕이 원에서 결혼 허락을 받고 돌아올 때 몽골식 옷을 입고 머리 모양을 하고 있어 고려 사람들이 슬퍼했다고 해요. 충렬왕 이후부터 이름에 '충(忠)'자가 들어가는 임금이 많아요. 원에 충성하라는 의미죠. 충렬왕 때에는 원의 강요로 두 차례 일본 정벌에 함께 나서지만, 태풍을 만나 실패했어요.

*원 몽골이 세운 나라

오늘의 한 문장 ㅊ ㄹ ㅇ 때 고려는 원의 요청으로 일본 정벌에 함께 나서지만 실패했다.

8월 14일

오늘은? 일본군 위안부 피해자 기림의 날

▶ 조선

· 오늘의 인물은? ·

채 제 공

정조 옆에는 능력 있는 신하 **채제공**이 있었어요. 당시 한성에서는 나라의 허락을 받은 시전 상인들만 장사를 할 수 있었어요. 상업이 발달하면서 허가 없이 장사를 하는 난전이 많아졌고, 시전 상인에게는 이들을 단속할 수 있는 권리(금난전권)가 있었어요. 시전 상인들만 장사를 할 수 있으니 물건값을 몇 배로 올려 받는 등 횡포를 부렸죠. 채제공은 이런 시전 상인의 권리를 줄이는 정책을 정조에게 건의했어요. 이로써 육의전*을 제외한 시전 상인의 금난전권이 없어져 여러 상인이 이전보다 자유롭게 장사를 할 수 있게 되었어요.

* **육의전** 조선 시대에 나라에서 필요한 물건을 대는 의무가 있었던 비단, 명주, 종이, 어물 등 여섯 종류의 큰 상점

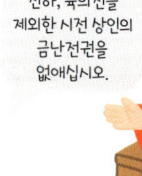

전하, 육의전을 제외한 시전 상인의 금난전권을 없애십시오.

오늘의 한 문장 조선 정조 때 ㅊ ㅈ ㄱ 의 건의로 육의전을 제외한 시전 상인의 금난전권이 없어졌다.

5월 17일 — 고려

• 오늘의 인물은? •

이 승 휴

고려 말의 관리이자 학자인 이승휴는 『제왕운기』를 쓴 사람으로 유명합니다. 『제왕운기』는 중국과 우리나라 역사를 각각 한 권씩 다루고 있어요. 이 책은 단군의 고조선 건국 이야기를 담고 있으며, 발해가 고구려를 계승한 국가라 말하며 발해 역사를 우리 역사에 포함했어요. 그럼 이승휴는 왜 이런 책을 썼을까요? 당시는 원이 고려 정치를 좌우하던 시기로, 이런 현실에 맞서 고려의 역사와 전통에 대한 자부심을 표현한 게 아니었을까요?

오늘의 한 문장: ㅇ ㅅ ㅎ 는 단군의 고조선 건국 이야기를 담은 『제왕운기』를 썼다.

8월 13일

조선

· 오늘의 인물은? ·

정 조

정조는 할아버지 영조의 탕평책을 이어 갔어요. 붕당을 따지지 않고 능력 있는 사람을 뽑아 썼으며, 규장각을 설치하여 자신의 개혁 정치를 뒷받침할 관리를 길러 냈어요. 왕을 지키는 군대인 장용영을 두어 왕의 힘도 강화했죠. 또 수원에 화성을 세워 정치적, 군사적, 상업적 기능을 갖춘 중심지로 만들고자 했어요. 이 외에도 신분 때문에 능력을 펼칠 수 없었던 서얼을 뽑아 규장각의 관리로 삼았으며, 많은 책을 펴내 문화가 발전할 수 있도록 했어요.

규장각에서 열심히 공부하고 있소?

오늘의 한 문장 조선 ㅈ ㅈ 는 규장각을 설치하고 수원 화성을 건설했다.

5월 18일 오늘은? 5·18 민주화 운동 기념일

> 고려

· 오늘의 인물은? ·

  승려 **일연**은 고려 말에 고구려, 백제, 신라 삼국의 역사를 다룬 『삼국유사』를 지었어요. 이 책에는 단군의 고조선 건국 이야기가 실려 있어요. 일연은 불교 관련 설화*를 중심으로 신비롭고 재미있는 이야기를 정리했어요. 김부식이 왕의 명령을 받아 만든 『삼국사기』에서는 신기하고 이상하다 하여 다루지 않았던 내용도 담겨 있어 역사적 가치가 높답니다.

* **설화** 사람들 사이에서 전해 오는 이야기

오늘의 한 문장   승려 ㅇ ㅇ 이 쓴 『삼국유사』에는 단군의 고조선 건국 이야기가 실려 있다.

8월 12일

조선

• 오늘의 인물은? •

정선의 그림은 남달랐어요. 당시 다른 화가들이 중국의 자연을 상상하여 그리거나 중국 그림을 베껴 그릴 때 정선은 자신이 본 우리나라의 아름다운 자연을 그렸어요. 이런 그림을 우리나라의 실제 산수, 즉 경치를 그렸다고 하여 진경산수화라고 해요. 정선은 소나기가 지나간 뒤 인왕산의 모습을 그린 「인왕제색도」, 금강산의 모습을 그린 「금강전도」 등의 작품을 남겼답니다.

「인왕제색도」 ⓒ 국가유산청

오늘의 한 문장: ㅈ ㅅ 은 우리나라의 자연을 소재로 한 진경산수화 「인왕제색도」, 「금강전도」 등을 남겼다.

5월 19일 오늘은? 발명의 날

▶ 고려

• 오늘의 인물은? •

안 향

　유학에도 여러 종류가 있답니다. 그중 성리학은 사람의 마음과 우주의 원리를 탐구하는 학문으로, 중국 송의 주희라는 학자가 성리학을 크게 일으켰어요. **안향**은 충렬왕을 따라 원에 갔다가 성리학을 접했어요. 안향은 고려에 처음으로 성리학을 들여왔고, 많은 제자를 길러 냈어요. 고려 말 나라가 혼란한 상황에서 젊은 사람들은 성리학을 바탕으로 고려 사회의 문제점을 해결하려고 했어요.

오늘의 한 문장 ㅇ ㅎ 은 고려에 처음으로 성리학을 들여왔다고 알려져 있다.

8월 11일

조선

· 오늘의 인물은? ·

조선 후기에는 실학의 발달과 더불어 우리 역사와 지리에 대한 관심도 커졌어요. 이런 분위기 속에서 나온 지리책이 **이중환**의 『택리지』예요. 이중환은 전국을 답사하고 자연환경과 경제, 풍속 등을 정리하여 이 책을 썼어요. '택리'란 사는 곳을 택한다는 뜻이에요. 이중환은 사는 곳을 고를 때 첫째 지리가 좋아야 하고, 다음 생리가 좋아야 하며, 또 다음으로 인심이 좋아야 하고, 마지막으로 아름다운 산수가 있어야 한다고 했어요. 지리는 풍수지리적인 위치를 말하며, 생리란 생활하는 데 이로움이 되는 위치를 말합니다.

* **답사** 직접 가서 보고 조사함

오늘의 한 문장   ㅇ ㅈ ㅎ 은 조선 후기를 대표하는 지리책인 『택리지』를 썼다.

5월 20일 오늘은? 세계인의 날

> 고려

• 오늘의 인물은? •

충 선 왕

　충선왕은 충렬왕과 원의 공주 사이에서 태어나 어렸을 때 원에서 자랐어요. 왕이 된 후에는 고려에 머물렀지만 왕위를 아들에게 물려준 뒤에 다시 원으로 갔어요. 충선왕은 원에 있는 자신의 집에 큰 서재*를 만들고 '만권당'이라 이름 지었어요. 충선왕은 많은 책을 모으고 고려에서 이제현 등의 학자들을 불러 이곳에서 원의 유명한 학자들과 교류하게 했어요. 만권당에 모인 학자들은 훗날 고려의 학문 발달에 큰 영향을 미쳤어요.

* **서재** 책을 갖추어 두고 책을 읽거나 글을 쓰는 곳

오늘의 한 문장 ㅊ ㅅ ㅇ 이 세운 만권당에서 이제현 등 고려 학자와 원의 학자가 교류했다.

8월 10일

조선

· 오늘의 인물은? ·

이 익

  임진왜란과 병자호란을 겪은 이후 백성의 생활은 더욱 어려워졌지만 나라에서는 이를 해결하지 못하고 있었어요. 이런 상황에서 백성의 생활을 돕고 현실 문제를 해결하고자 하는 학문인 실학이 등장했어요. **이익**은 실학을 연구한 대표적인 학자입니다. 이익은 『성호사설』, 『곽우록』 등의 책을 써서 백성의 어려움을 해결할 여러 방법을 내놓았어요. 이익의 생각에 감명을 받은 젊은 학자들이 몰려들었어요. 이익의 사상은 안정복, 이중환을 비롯한 수많은 사람에게 영향을 주었답니다.

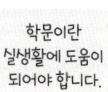

학문이란 실생활에 도움이 되어야 합니다.

오늘의 한 문장 실학을 연구한 ○○은 『성호사설』, 『곽우록』 등의 책을 남겼다.

5월 21일

오늘은?
부부의 날 / 문화 다양성의 날

🚩 고려

•오늘의 인물은?•

기 황 후

원의 간섭을 받던 시기 고려는 수천 명의 여성을 원에 공녀*로 보내야 했어요. 공녀로 끌려간 여성은 궁녀가 되거나 귀족의 집에서 허드렛일을 했지만, 그중 몇몇은 높은 지위에 오르기도 했어요. 대표적인 사람이 **기황후**예요. 기황후는 자신이 낳은 아들이 원의 황태자가 되면서 정치를 좌우할 정도로 대단한 힘을 손에 쥐게 되었어요. 고려에는 기철 등 기황후의 형제들이 있었는데, 이들은 누이 덕분에 권력을 누리며 고려의 정치를 마음대로 했어요.

* **공녀** 고려·조선 시대에 중국 원·명의 요구로 바치던 여자

오늘의 한 문장 ㄱ ㅎ ㅎ 는 원에 공녀로 끌려갔으나 원의 황후가 되었다.

8월 9일

조선

·오늘의 인물은?·

박 문 수

어사는 왕의 명령을 받아 특별한 임무를 띠고 지방에 파견된 벼슬이에요. 그중에서 암행어사는 신분을 감춘 채 몰래 파견되었어요. 영조는 어떤 상황에서도 바른말을 하는 **박문수**를 눈여겨보았고, 그를 경상도 지방에 어사로 보냈어요. 박문수는 나쁜 짓을 하는 관리를 내쫓고 훌륭한 사람을 관리로 앉히기도 하고, 굶주린 백성에게 곡식을 내어 주기도 하여 이름이 널리 알려졌어요. 오늘날까지도 전국 곳곳에서 어사 박문수와 관련된 이야기가 전해지고 있어요.

오늘의 한 문장: 조선 영조 때 ㅂ ㅁ ㅅ 는 어사로 파견된 적이 있으며 이와 관련한 이야기가 오늘날까지 전해지고 있다.

5월 22일

고려

• 오늘의 인물은? •

공 민 왕

　원의 힘이 약해지자, <mark>공민왕</mark>은 이 기회를 놓치지 않았어요. 우선 고려에서 몽골식 풍습을 금지하여 몽골식 머리 모양을 하거나 옷을 입지 못하게 했어요. 기철 등 원과 손잡고 힘을 키운 세력을 내쫓았고, 고려의 정치에 간섭하던 정동행성 이문소를 없애 원의 간섭에서 벗어나려고 노력했어요. 또 원이 철령 북쪽을 직접 다스리기 위해 설치한 쌍성총관부를 공격하여 원에 빼앗긴 땅도 되찾았답니다.

몽골식 머리 모양도, 옷도 이제는 안 돼!

오늘의 한 문장　고려 ㄱ ㅁ ㅇ 은 몽골식 풍습을 금지하고, 쌍성총관부를 공격했다.

8월 8일

오늘은? 섬의 날

🏴 조선

· 오늘의 인물은? ·

혜경궁 홍씨

혜경궁 홍씨는 세자빈*으로 궁에 들어와 시아버지인 영조에게 무척 예쁨을 받았다고 해요. 남편인 사도 세자가 공부보다 무예에 집중하면서 영조와의 사이가 점점 멀어지는 것을 지켜봐야 했어요. 사도 세자는 아버지의 지나친 꾸지람 속에 마음의 병까지 생겼고 결국 뒤주에 갇혀 목숨을 잃었어요. 이 상황에서 혜경궁 홍씨는 아들인 세손*(훗날 정조)을 지켜야 했어요. 어려움 끝에 영조의 뒤를 이어 세손이 왕이 되었죠. 회갑*을 맞이한 혜경궁 홍씨는 사도 세자의 죽음과 자신의 삶을 기록한 『한중록』이라는 책을 남겼어요.

* **세자빈** 다음 왕이 될 세자의 아내
* **세손** 세자의 맏아들
* **회갑** 태어난 지 60돌이 되는 나이

오늘의 한 문장

ㅎ ㄱ ㄱ ㅎ ㅆ 는 사도 세자의 죽음과 자신의 삶을 기록한 『한중록』이라는 책을 남겼다.

5월 23일 — 고려

• 오늘의 인물은? •

노 국 대 장 공 주

　공민왕도 원의 공주인 **노국 대장 공주**와 결혼했어요. 노국 대장 공주는 원의 공주였지만 공민왕이 원의 간섭에서 벗어나려는 정책을 펼 때에 남편의 편에 섰어요. 공민왕의 정책에 반대하는 사람들이 공민왕을 죽이려 할 때에 남편을 보호해 주었죠. 공민왕은 그런 노국 대장 공주를 많이 아꼈어요. 공주가 아이를 낳다가 죽자, 공민왕은 슬픔에 빠져 나랏일을 소홀히 했다고 해요.

오늘의 한 문장: ㄴㄱㄷㅈㄱㅈ는 원의 공주였지만, 원의 간섭에서 벗어나려고 노력한 공민왕을 도와주었다.

8월 7일

조선

· 오늘의 인물은? ·

붕당 간의 대립이 심해지고 정치가 혼란한 상황에서 왕이 된 <u>영조</u>는 한 붕당에 치우치지 않고 각 붕당의 인물을 고르게 뽑아 쓰는 탕평책을 폈어요. 이를 통해 붕당 간에 조화를 이루고 왕권을 안정시키고자 했죠. 이러한 자신의 뜻을 널리 알리고자 탕평비를 세웠어요. 한편으로는 백성의 생활을 안정시키고자 세금을 줄여 주는 균역법*을 실시했으며, 가혹한 형벌을 금지했어요. 홍수에 대비하기 위해 청계천 바닥도 정비했답니다.

* **균역법** 군대에 가지 않는 대신에 내는 군포의 양을 반으로 줄여 준 법

관리는 붕당에 관계없이 뽑겠소.

오늘의 한 문장 조선 ㅇ ㅈ 는 탕평책을 폈으며 이를 널리 알리기 위해 탕평비를 세웠다.

5월 24일 — 고려

• 오늘의 인물은? •

공민왕은 승려였던 신돈과 함께 개혁을 추진했어요. 당시 힘 있는 사람들이 백성의 땅과 재산을 함부로 빼앗으며 횡포를 부리는 일이 많았어요. 신돈은 공민왕에게 전민변정도감의 설치를 건의했어요. 전민변정도감을 통해 백성이 빼앗긴 땅을 돌려주고 억울하게 노비가 된 사람을 원래 신분으로 되돌리는 일을 했죠. 그러나 신돈의 힘이 커지자, 공민왕은 그를 경계하기 시작했고 반대 세력의 공격도 거셌어요. 결국 신돈은 반란을 꾀한다는 죄로 목숨을 잃었어요.

신돈, 그대가 책임자가 되어 추진하라.

전민변정도감을 두어 개혁을 해야 합니다.

오늘의 한 문장 고려 공민왕 때 ㅅㄷ 은 전민변정도감의 책임자가 되어 개혁을 이끌었다.

8월 6일

조선

•**오늘**의 인물은?•

안 용 복

  숙종 때 **안용복**은 울릉도로 고기잡이를 나갔어요. 그런데 일본 어부들이 물고기를 잡고 있는 게 아니겠어요? 이들 사이에 싸움이 벌어졌고, 안용복은 일본으로 끌려갔어요. 안용복은 울릉도와 독도가 조선 영토라 말했고, 일본은 이를 인정하는 문서를 써 주었어요. 하지만 조선으로 돌아가던 중 대마도에서 이 문서를 빼앗겼어요. 그 뒤에도 일본 사람들이 울릉도와 독도 주변에 계속 드나들자 안용복은 다시 일본에 가서 항의했어요.

울릉도와 독도는 조선 땅!

오늘의 한 문장   조선 숙종 때 ㅇ ㅇ ㅂ 은 일본에 가서 울릉도와 독도가 조선 땅임을 확인받고 돌아왔다.

5월 25일 오늘은? 방재의 날

▶ 고려

• **오늘의 인물은?** •

성리학을 공부한 **이색**은 고려와 원의 과거에 모두 합격할 만큼 뛰어났어요. 이색은 성리학이 고려 사회의 문제를 해결해 줄 수 있다고 믿고 성리학을 널리 알리기 위해 노력했어요. 또 성리학을 바탕으로 능력 있는 사람을 길러야 한다고 주장했죠. 공민왕은 이를 받아들여 성균관*을 이색에게 맡겼어요. 정몽주와 정도전을 비롯해 고려 말에서 조선 초에 활동했던 신진 사대부*들은 대부분 이색의 제자였어요.

* **성균관** 고려 시대 최고 교육 기관인 국자감의 이름이 바뀐 것으로 조선으로 이어짐
* **신진 사대부** 고려 말에 성리학을 공부하고 과거를 통해 등장한 새로운 세력

성리학이 나라를 구할 것이오.

오늘의 한 문장 고려 말에 ㅇ ㅅ 은 성리학을 널리 알리기 위해 노력했으며, 성균관의 책임자가 되었다.

8월 5일

> 조선

· 오늘의 인물은? ·

숙종

숙종 때 정치를 이끄는 붕당이 급격히 바뀌는 환국이 여러 번 일어났어요. 숙종은 환국을 자신의 힘을 강화하는 데 이용했어요. 왕이 정치를 이끄는 붕당을 자주 바꾸면 신하들은 서로 왕에게 잘 보이려 노력할 테니까요. 하지만 정치를 이끄는 붕당이 바뀌면 상대 당에 대한 앙갚음이 뒤따랐고, 이 과정에서 붕당 간의 갈등이 더욱 심해졌어요. 숙종은 46년 동안 나라를 다스리면서 여러 업적을 남겼어요. 대동법을 경상도와 황해도에까지 확대했으며, 공식 화폐로 상평통보를 만들어 널리 사용하게 했어요. 또 청과 국경을 정하고 백두산정계비를 세웠어요.

오늘의 한 문장 조선 ㅅ ㅈ 때 정치를 주도하는 붕당이 급격히 바뀌는 환국이 여러 번 일어났다.

5월 26일

고려

• 오늘의 인물은? •

문 익 점

　고려 말에 원에 가게 된 <u>문익점</u>은 사람들이 추운 겨울에 목화로 지은 옷을 입고 따뜻하게 지내는 것을 보고, 고려에서도 목화를 키우면 좋겠다고 생각했어요. 목화씨를 구해 고려로 돌아온 문익점은 장인 정천익과 함께 정성스럽게 목화를 키웠어요. 몇 년의 노력 끝에 목화 재배에 성공한 문익점은 사람들에게 씨앗도 나누어 주고, 목화를 키우는 방법과 실 뽑는 방법, 목화 실로 천을 짜는 기술도 널리 퍼뜨렸어요.

오늘의 한 문장 고려 말에 ㅁ ㅇ ㅈ 은 원에 갔다가 돌아오는 길에 목화씨를 가져 왔다.

8월 4일 조선

• 오늘의 인물은? •

현종

  현종 때 왕실 의례인 상복*을 입는 기간을 둘러싸고 서인과 남인 사이에 논쟁이 일어났어요. 이를 예에 관한 논쟁, 즉 예송이라고 해요. 효종이 세상을 떠나자 서인은 효종이 둘째 아들이니 그에 맞는 기간 동안 효종의 새어머니 자의 대비가 상복을 입어야 한다고 주장했어요. 반면에 남인은 효종이 왕위를 이었으니 첫째 아들로 대해 더 오래 상복을 입어야 한다고 주장했죠. 첫 번째 예송에서는 서인의 의견이 받아들여졌어요. 뒤에 효종의 왕비가 죽자 다시 예송이 일어났는데, 이때에는 남인의 의견이 받아들여졌어요.

* 상복 상중에 있는 사람들이 입는 옷으로 주로 삼베로 만들어 입었음

오늘의 한 문장 조선 ㅎ ㅈ 때 자의 대비의 상복 입는 기간을 둘러싸고 두 차례 예송이 일어났다.

5월 27일

> 고려

· 오늘의 인물은? ·

고려 말에 북쪽에서는 홍건적*, 남쪽에서는 왜구*가 쳐들어와 나라가 혼란했어요. 최영은 홍건적과 왜구를 물리치는 데 큰 공을 세웠어요. 특히 홍산 대첩에서는 적이 쏜 화살에 맞고도 침착하게 지휘하여 왜구를 물리쳤어요. 이후 왜구는 최영을 두려워하여 최영이 나타나면 도망쳤다고 해요. 그러나 최영은 중국에 새롭게 세워진 명의 무리한 요구에 맞서 요동 정벌을 추진하다가 이성계에 의해 쫓겨났고 결국 목숨을 잃었어요.

* **홍건적** 중국 원에서 반란을 일으킨 무리로, 원 군대에 쫓겨 고려에 침입함
* **왜구** 바다를 통해 쳐들어와 사람을 해치고 물건을 빼앗던 일본 도둑의 무리

오늘의 한 문장 고려 말에 ㅊ ㅇ 은 홍산 전투에서 승리를 거두었다.

8월 3일

> 조선

• 오늘의 인물은? •

효종 때 일본 나가사키로 가던 네덜란드 상인의 배가 폭풍을 만나 떠돌다 제주도에 도착했어요. 그들 중에 **하멜**이 있었어요. 그런데 하멜 이전에 조선에 온 서양 사람이 있었어요. 네덜란드 사람 벨테브레이입니다. 벨테브레이도 일본으로 가다 폭풍을 만나 조선에 와서 '박연'이라는 이름을 얻고 조선 여자와 결혼해 살고 있었어요. 그와 달리 하멜 무리는 계속해서 조선을 탈출하려고 했고, 결국 10여 년 만에 성공했어요. 하멜은 네덜란드로 돌아가서 조선에서의 경험을 『하멜 표류기』라는 책으로 남겼어요.

오늘의 한 문장 네덜란드 사람 ㅎ ㅁ 은 조선에서의 경험을 바탕으로 『하멜 표류기』를 썼다.

5월 28일

고려

·오늘의 인물은?·

최 무 선

최무선은 왜구를 물리치는 데 화약이 필요하다고 생각했어요. 중국에서 오는 상인이 있으면 달려가 화약 만드는 법을 물어봤다고 해요. 그러다 이원이라는 상인을 만나 화약 개발에 성공했어요. 그 뒤 최무선은 우왕에게 화약과 화약 무기를 만드는 화통도감의 설치를 건의했어요. 이곳에서 만들어진 화약과 화포*를 이용하여 진포에서 왜구를 물리치는 데 큰 공을 세웠어요.

*화포 화약을 이용하는 포탄을 멀리 내쏘는 무기

오늘의 한 문장 ㅊ ㅁ ㅅ 은 화포를 이용하여 진포에서 왜구를 물리쳤다.

8월 2일 · 조선

· 오늘의 인물은? ·

김 육

김육은 효종에게 대동법을 충청도에서도 실시하자고 건의했어요. 대동법은 집집마다 특산물을 거두던 세금 제도를 고쳐, 가진 땅을 기준으로 돈이나 쌀 등을 거두던 제도예요. 광해군 때 경기도에서 처음 실시되었죠. 특산물을 내는 것이 매우 힘든 일이었기에 백성은 환영했지만 땅을 많이 가진 양반들은 반대했어요. 그러나 김육의 노력으로 대동법이 충청도까지 확대 실시될 수 있었답니다. 또 김육은 청으로부터 시헌력을 들여오자고 건의했어요. 시헌력은 서양 학문의 영향을 받아 만들어진 달력이에요.

오늘의 한 문장 조선 효종 때 ㄱ ㅇ 등의 노력으로 대동법이 충청도까지 확대 실시되었다.

5월 29일

오늘은?
해외 파병 용사의 날

▶ 고려

· 오늘의 인물은? ·

박 위

고려 말에 **박위**는 왜구가 고려를 침입하지 못하게 하기 위해 왜구의 근거지*인 대마도(쓰시마섬) 정벌에 나섰어요. 100척의 배를 이끌고 대마도를 공격하여 왜구의 배 300척과 바닷가 주변의 집들을 대부분 불태웠어요. 그리고 잡혀갔던 고려 사람 100여 명을 구해 돌아왔어요. 이 일로 왜구의 기세가 크게 꺾였어요.

* **근거지** 활동의 중심이 되는 곳

오늘의 한 문장 고려 말에 ㅂ ㅇ 는 왜구의 근거지인 대마도를 정벌했다.

8월 1일 — 조선

• 오늘의 인물은? •

효종

　인조의 둘째 아들인 봉림 대군(훗날 효종)은 병자호란으로 형인 소현 세자와 함께 청에 인질로 끌려갔어요. 청에서 돌아와 갑자기 세상을 떠난 형을 대신해 봉림 대군이 왕이 되었죠. 병자호란 이후 조선에서는 청을 정벌하여 병자호란 때 청에 당한 수치를 씻고 복수하자는 북벌 운동이 일어났어요. 청에서 갖은 고생을 겪은 효종은 뜻을 같이하는 송시열 등의 신하들과 함께 북벌 정책을 추진했어요. 성과 무기를 고치고 군대를 키웠으나 북벌을 실행하지는 못했어요.

오늘의 한 문장　조선 ㅎ ㅈ 은 송시열 등과 함께 북벌을 추진했으나 실행하지는 못했다.

5월 30일

> 고려

• 오늘의 인물은? •

공 양 왕

최영과 우왕은 요동 정벌을 추진하면서 이성계에게 군대를 주어 공격을 명령했어요. 이성계는 무리한 전쟁이라고 생각하고 위화도에서 군대를 돌려 개경으로 돌아와 권력을 잡았어요(위화도 회군). 창왕을 새로운 왕으로 세운 이성계는 이듬해 창왕을 끌어내리고 **공양왕**을 세웠어요. 공양왕은 왕이 되고 싶지 않았지만 어쩔 수 없이 왕이 되었어요. 그러나 몇 년 지나지 않아 이성계는 공양왕을 내쫓고 새 나라를 세웠어요. 공양왕을 끝으로 고려는 멸망했어요.

새 나라를 세우노라.

오늘의 한 문장: 이성계는 고려 ㄱ ㅇ ㅇ 을 내쫓고 새 나라를 세웠다.

5월 31일 오늘은? 바다의 날

고려

• 오늘의 인물은? •

정 몽 주

위화도 회군 이후 권력을 잡은 이성계와 신진 사대부는 힘 있는 사람들이 불법으로 차지한 토지를 거두고 토지 제도를 개혁했어요. 그런데 신진 사대부 안에서도 개혁에 대한 생각이 서로 달랐어요. 고려를 유지하면서 개혁하자는 온건파와 새로운 나라를 세우자는 급진파로 나뉜 거죠. **정몽주**는 고려를 유지하면서 잘못된 제도를 고쳐 나가자는 온건파였어요. 이성계의 아들 이방원은 정몽주가 새 나라를 세우는 데 걸림돌이라 생각해 사람을 보내 그를 죽였어요. 그 뒤에 이성계는 정도전 등 급진파와 손잡고 새 나라를 세웠어요.

오늘의 한 문장 신진 사대부 중에서 ㅈ ㅁ ㅈ 는 고려를 유지하면서 개혁하자고 주장했다.

7월 31일

> 조선

• 오늘의 인물은 •

김 준 룡

　인조가 남한산성에서 적에 둘러싸이자 전라도 지역을 지키던 **김준룡**은 군사를 이끌고 남한산성을 향해 달려갔어요. 도중에 용인 광교산에서 청의 군대를 맞아 치열한 전투를 벌였죠. 김준룡과 조선군은 목숨을 걸고 싸워 청군에 큰 피해를 입혔고, 청군은 공격을 중단하고 물러났어요. 광교산 전투는 병자호란 때 벌어진 전투 가운데 가장 규모가 큰 승리로 기록되어 있어요. 하지만 조선군의 피해도 커 뒤로 물러나면서 남한산성에 갇힌 왕을 구하는 일에는 실패했어요.

오늘의 한문장 　병자호란 당시 ㄱ ㅈ ㄹ 이 이끈 조선군은 광교산 전투에서 승리했다.

6월

조선1

7월 30일

> 조선

• 오늘의 인물은? •

임 경 업

뛰어난 장군이었던 **임경업**은 정묘호란 이후 적이 다시 쳐들어올 것에 대비하여 성을 고치고 군사를 훈련시키며 국경을 튼튼히 하는 데 힘썼어요. 병자호란이 일어나자 임경업은 산성을 굳게 지키며 청의 군대가 한성을 향해 가는 것을 늦추고자 했어요. 하지만 청군은 임경업이 지키는 백마산성을 피해 곧바로 한성을 향해 갔어요.

오늘의 한 문장 병자호란 당시 ㅇㄱㅇ 은 백마산성에서 청군의 침입에 대비했다.

6월 1일 오늘은? 의병의 날

🚩 조선

• 오늘의 인물은? •

이 성 계

이성계는 고려에 쳐들어온 홍건적과 왜구를 물리쳐 이름을 떨쳤어요. 왜구를 물리친 황산 대첩을 비롯하여 많은 전투에서 승리하여 영웅으로 떠올랐죠. 이후 위화도 회군으로 권력을 잡은 이성계는 정도전 등 새로운 나라를 세우자는 세력과 손잡고 '조선'을 세운 뒤에 한양으로 도읍을 옮겼어요. 한양은 산으로 둘러싸인 넓은 땅이 있어 사람이 모여 살기 좋고 외적을 막는 데도 유리했어요. 한강을 끼고 있어 교통도 편리했고요.

조선 축 건국

나라 이름은 조선으로 하고, 도읍은 한양으로 옮기겠다.

오늘의 한 문장 태조 ㅇ ㅅ ㄱ 는 조선을 세우고 도읍을 한양으로 옮겼다.

7월 29일

🚩 조선

• 오늘의 인물은? •

김 상 헌 · 최 명 길

　인조와 함께 남한산성으로 들어간 신하들의 의견이 둘로 갈렸어요. **김상헌**은 청과 절대로 화해할 수 없으므로 끝까지 싸우자고 주장했죠. 반면 **최명길**은 이길 수 없는 적을 상대로 전쟁을 하면 불쌍한 백성만 죽게 된다며 우선 화해를 해 싸움을 멈춰야 한다고 주장했어요. 상황이 더욱 어려워지자 결국 인조는 남한산성에서 나와 청 태종에게 항복했어요. 조선은 청과 신하와 임금의 관계를 맺었고, 조선의 두 왕자와 많은 백성이 청에 인질로 끌려갔어요.

끝까지 싸워야 합니다.

화해하셔야 합니다.

김상헌

최명길

오늘의 한 문장 | 병자호란 당시 ㄱ ㅅ ㅎ 은 끝까지 싸울 것을 주장했고, ㅊ ㅁ ㄱ 은 청과의 화해를 주장했다.

6월 2일

> 조선

• 오늘의 인물은? •

정 도 전

정도전은 고려의 관리였지만 더 이상 고려는 희망이 없다고 생각하고 이성계를 도와 조선을 세웠어요. 조선은 유교를 바탕으로 나라의 기틀을 마련하고, 도읍 한양을 설계할 때도 유교의 가르침을 따랐는데, 이를 이끈 사람이 바로 정도전입니다. 정도전은 한양에 새로운 궁궐이 지어지자 '경복궁'이라는 이름을 지어 올렸으며, 그 안 여러 건물의 이름도 지었어요. 또 나라를 다스릴 때 필요한 기준과 제도를 담은 『조선경국전』이라는 법전을 만들어 태조 이성계에게 바쳤어요. 그러나 정도전은 나라의 운영 방향을 놓고 이방원과 맞서다 결국 목숨을 잃었어요.

오늘의 한 문장 ㅈ ㄷ ㅈ 은 이성계를 도와 조선을 세우고 도읍 한양을 설계하는 데 큰 역할을 했다.

7월 28일

▶ 조선

· 오늘의 인물은? ·

광해군을 내쫓고 왕이 된 **인조**는 광해군과 달리 명을 가까이하고 후금을 멀리하는 정책을 폈어요. 이에 후금이 조선을 쳐들어와 정묘호란을 겪게 되었죠. 조선과 후금은 형제의 나라로 지내기로 약속하고 전쟁을 끝냈어요. 세력이 더욱 커진 후금은 나라 이름을 '청'으로 바꾸고 조선에 임금과 신하의 관계를 요구했어요. 조선이 이를 받아들이지 않자 청 태종이 직접 군대를 이끌고 쳐들어왔어요(병자호란). 인조는 남한산성으로 들어가 청에 맞서 싸웠으나 결국 항복했어요.

오늘의 한 문장 조선 ㅇ ㅈ 는 남한산성에 들어가 청에 맞서 싸웠으나 결국 항복했다.

6월 3일

> 조선

• 오늘의 인물은? •

태 종

　태종 이방원은 이성계의 다섯째 아들로, 형제들 중에서 유일하게 과거에 합격할 정도로 똑똑했어요. 아버지가 조선을 세울 때 든든하게 지원했죠. 하지만 아버지가 어린 동생에게 왕위를 물려주려 하자, 난을 일으켜 권력을 잡았어요(제1차 왕자의 난). 태종은 왕권을 강화하는 데 힘썼어요. 왕족이나 신하들이 개인적으로 거느리던 병사를 없애고, 지방 제도를 정비하여 전국을 8개의 도로 나누었어요. 또 인구를 정확히 파악하고자 16세 이상의 남자들에게 신분을 증명하는 호패를 가지고 다니게 했어요.

오늘의 한 문장 　조선 ㅌ ㅈ 은 왕권을 강화하고 16세 이상의 남자들에게 호패를 차게 했다.

7월 27일

오늘은?
유엔(UN)군 참전의 날

> 조선

· 오늘의 인물은? ·

허 난 설 헌

허난설헌의 이름은 초희이며, 남동생이 허균이에요. 허난설헌이 살던 시대에는 좋은 집안에서 태어나도 글을 배우지 못하는 여성이 많았어요. 하지만 허난설헌의 집안은 비교적 자유로운 분위기였고, 어려서부터 한문을 배운 난설헌은 8살 때부터 한문으로 시를 지어 주변을 깜짝 놀라게 했죠. 자유롭게 시를 쓰던 난설헌의 삶은 결혼과 함께 바뀌었어요. 허난설헌은 행복하지 못한 결혼 생활을 하다가 이른 나이에 세상을 떠났어요. 허난설헌이 죽은 뒤 그녀의 작품을 모은 『난설헌집』이 나오게 되었어요.

오늘의 한 문장 ㅎ ㄴ ㅅ ㅎ 은 조선의 시인으로 『난설헌집』을 남겼다.

6월 4일

조선

• 오늘의 인물은? •

하 륜

　신문고는 백성의 억울함을 풀어 주기 위해 궁궐 밖에 달아 놓은 북이에요. 신문고가 처음 등장한 것은 태종 때예요. 몇몇 신하들은 신문고를 함부로 쳐서 문제가 생기거나 별 효과가 없을 것이라고 주장했죠. **하륜**은 백성이 왕에게 직접 호소*할 수 있다는 점을 관리들이 두려워하여 마음을 다해 백성을 살필 것이라며 신문고의 설치에 찬성했어요. 하륜은 이방원이 왕이 될 수 있도록 도왔으며, 호패법 실시, 신문고 설치 등 태종의 여러 정책을 뒷받침했어요.

* **호소** 억울하거나 딱한 사정을 간곡히 알림

오늘의 한 문장　ㅎ ㄹ 은 신문고 설치 등 조선 태종의 정책을 뒷받침했다.

7월 26일 — 조선

• 오늘의 인물은? •

뛰어난 학자 집안에서 태어난 <u>허균</u>은 성리학이 지배하던 사회에서 불교도 공부하고, 엄격한 신분제 사회에서 서얼*과도 거리낌 없이 교류할 정도로 자유로운 사람이었어요. 이런 허균의 생각이 잘 드러난 책이 그가 썼다고 알려진 한글 소설 『홍길동전』이에요. 허균은 인목 대비를 끌어내리는 데 앞장서며 광해군 편에 서 반대 세력의 공격을 받았어요. 결국 반란을 꾀했다는 죄로 목숨을 잃었어요.

* **서얼** 양반과 상민 여성 사이에서 태어난 서자와 양반과 천민 여성 사이에서 태어난 얼자를 합친 말로, 높은 관직에 오를 수 없었고 차별받았음

오늘의 한 문장 ㅎ ㄱ 은 한글 소설 『홍길동전』을 썼다고 알려져 있다.

6월 5일 — 오늘은? 환경의 날

> 조선

· 오늘의 인물은? ·

박 자 청

    태종은 경복궁 외에 궁궐을 하나 더 짓기로 했어요. **박자청** 등에게 궁궐 공사를 맡겼죠. 박자청은 태종의 지원을 받으며 청계천, 한양 도성* 등 각종 공사를 담당한 천재 건축가입니다. 박자청이 총감독을 맡아 완성한 궁이 바로 창덕궁이에요. 창덕궁은 조선의 왕들이 가장 많이 머문 궁궐이에요. 임진왜란 등으로 건물이 불에 타기도 했지만 수리하고 새로 지어 지금의 모습을 갖추게 되었죠. 오늘날 창덕궁은 유네스코 세계 유산에 올라 있어요.

* **도성** 한 나라의 도읍을 둘러싼 성곽

창덕궁 인정전 © 국가유산청

오늘의 한 문장 조선 태종 때 ㅂ ㅈ ㅊ 등이 건축한 창덕궁은 현재 유네스코 세계 유산에 올라 있다.

7월 25일

▶ 조선

· 오늘의 인물은? ·

 임진왜란이 일어났을 때 허준은 선조 옆에서 왕의 건강을 책임졌어요. 전쟁을 겪으며 선조는 병으로 죽어가는 백성을 위한 의학책의 필요성을 느꼈고, 책을 만드는 임무를 허준에게 맡겼어요. 허준은 우리나라와 중국의 의학책을 하나로 모아 전통 한의학을 체계적으로 정리했어요. 이 책이 바로 『동의보감』입니다. 선조 때부터 쓰기 시작하여 10여 년 만인 광해군 때 완성했어요. 『동의보감』은 오늘날 유네스코 세계 기록 유산에 올라 있어요.

오늘의 한 문장 조선 광해군 때 ㅎ ㅈ 은 『동의보감』을 완성했다.

6월 6일 오늘은? 현충일

🚩 조선

• 오늘의 인물은? •

세 종

    태종의 셋째 아들이었던 세종은 왕위와는 거리가 멀었어요. 하지만 세자였던 큰형이 나쁜 행동을 하여 쫓겨나 세종이 왕이 되었죠. 아버지 태종이 왕권을 탄탄하게 닦아 놓은 터에 발을 디딘 세종은 많은 업적을 남겼어요. 이 시기에 정치적 안정을 바탕으로 과학 기술과 문화, 예술이 발달했어요. 북쪽 영토를 넓히기도 했죠. 세종은 글자를 몰라 어려움을 겪는 백성을 위해 글자를 만들고 '백성을 가르치는 바른 소리'라는 뜻에서 훈민정음이라고 이름 지었어요.

오늘의 한 문장: 조선 ㅅㅈ 은 글자를 몰라 어려움을 겪는 백성을 위해 훈민정음을 만들었다.

7월 24일

조선

• 오늘의 인물은? •

강 홍 립

광해군은 힘이 약해져 가는 명과 세력을 넓혀 가던 후금 사이에서 중립적인 외교 정책을 펴 후금과의 전쟁을 피하고자 했어요. 후금을 물리치려고 명이 조선에 군사를 보내 달라고 하자, 광해군은 **강홍립**을 장군으로 삼아 군대를 보내면서 상황에 따라 대처하라고 했어요. 명의 군대와 함께 싸우던 강홍립은 전투에서 지자, 조선이 후금과 싸울 뜻이 없음을 밝히고 남은 군사를 이끌고 후금에 항복했어요. 이러한 중립적인 외교로 조선은 후금과의 전쟁을 피할 수 있었죠. 하지만 신하들은 광해군이 명에 대한 의리를 저버렸다고 생각했고, 이는 광해군이 왕의 자리에서 쫓겨나는 원인의 하나가 되었어요.

중간에서 잘해야지!

오늘의 한 문장
광해군은 명과 후금 사이에서 중립적인 외교를 폈고 이에 따라 ㄱ ㅎ ㄹ 은 상황이 어려워지자 후금에 항복했다.

6월 7일

조선

• 오늘의 인물은? •

황 희

　세종이 많은 업적을 남길 수 있었던 것은 훌륭한 신하들이 도왔기 때문이에요. 대표적인 인물이 **황희**입니다. 황희는 세종이 바른 정책을 펼 수 있도록 한쪽으로 치우치지 않게 돕고 부족한 부분을 채우는 역할을 했어요. 18년간 영의정*에 있으면서 세종의 곁에서 힘을 보탰죠. 황희는 나이를 이유로 벼슬에서 물러날 것을 여러 번 세종에게 청했으나 받아들여지지 않았고, 80이 훨씬 넘어서까지 나랏일을 살폈어요.

* **영의정** 조선 시대 가장 높은 관직

오늘의 한 문장: ㅎ ㅎ 는 오랜 기간 높은 벼슬에 있으면서 조선 세종이 바른 정책을 펼 수 있도록 도왔다.

7월 23일

▶ 조선

• 오늘의 인물은 •

광 해 군

광해군은 전쟁 후 힘든 백성을 위해 세금 제도를 고쳐 경기도에 대동법을 실시했어요. 황폐해진 궁궐도 다시 지었으며, 성벽을 수리하고 군사를 키워 국방에 힘썼죠. 명과 후금 사이에서는 중립*적인 외교 정책을 폈어요. 하지만 배다른 동생 영창 대군을 죽이고 새어머니 인목 대비를 가둔 일은 효도를 중시하는 조선에서 받아들여지기 힘들었어요. 결국 신하들이 이를 구실 삼아 광해군을 몰아내고 인조를 새 왕으로 세웠어요.

* **중립** 어느 편에도 치우치지 않고 중간적인 입장에 섬

광해군이 쫓겨나고 인조가 새 임금이 되었다는군.

오늘의 한 문장: ㄱㅎㄱ 은 인목 대비를 가둔 일 등으로 인해 왕의 자리에서 쫓겨났다.

6월 8일

조선

• 오늘의 인물은? •

맹 사 성

"실록*이란 사실대로 기록했다 후손에게 보이기 위함인데, 전하께서 이를 미리 보고 고치실 수 있으니 아니 되옵니다." 태종이 죽은 뒤에 세종이 아버지의 실록을 보자고 했을 때 **맹사성**이 한 말이에요. 이처럼 맹사성은 성품은 온화하지만 일을 할 때에는 원칙대로 하는 걸로 유명했어요. 황희와 함께 세종이 백성을 위한 정책을 펼 수 있도록 도왔죠. 맹사성은 허름한 옷차림을 하고 소를 타고 다녀 사람들이 높은 벼슬에 있는 사람인 줄 몰랐다고 할 정도로 청렴*했다고 해요.

* **실록** 임금이 왕위에 있는 동안 처리한 일 등을 기록한 역사책
* **청렴** 성품과 행동이 높고 맑으며 욕심이 없음

나에게는 맹사성과 황희가 있지.

오늘의 한 문장   ㅁ ㅅ ㅅ 은 황희와 함께 조선 세종을 도왔으며 청렴한 관리로 유명했다.

7월 22일

🏳 조선

· 오늘의 인물은 ·

논 개

임진왜란 때 진주성에서는 두 차례 큰 전투가 있었어요. 김시민이 이끈 전투는 큰 승리를 거두어 진주 대첩이라고 불린답니다. 그 뒤에 있었던 제2차 진주성 전투에서는 조선군이 패했어요. 이와 관련하여 전해 내려오는 이야기가 있어요. 승리에 취한 일본군 장수들이 촉석루에서 잔치를 벌였어요. 이때 한 여성이 일본군 장수를 끌어안고 바위에서 뛰어내려 의로운 죽음을 맞았어요. 이 여인이 바로 **논개**랍니다.

오늘의 한 문장 ㄴㄱ 는 임진왜란 때 일본군 장수를 끌어안은 채 남강에 뛰어들었다고 한다.

6월 9일

오늘은? 구강 보건의 날 / 기록의 날

🚩 조선

• 오늘의 인물은? •

정 인 지

세종은 학문 연구 기관인 집현전을 두어 훌륭한 학자들을 길러 냈어요. **정인지**는 그중에서도 뛰어나 세종이 아끼며 여러 책을 펴내는 일을 맡겼어요. 세종은 훈민정음을 만든 뒤에 정인지에게 집현전 학자들과 함께 『훈민정음』「해례본」을 만들도록 했어요. 해례본이란 '보기를 들어서 잘 설명한 책'을 말하는데, 『훈민정음』「해례본」에는 훈민정음을 만든 까닭, 원리, 사용법 등이 담겨 있어요. 이 책은 유네스코 세계 기록 유산으로 올라 있어요.

오늘의 한 문장 조선 세종 때 ㅈ ㅇ ㅈ 등이 만든 『훈민정음』「해례본」은 유네스코 세계 기록 유산으로 올라 있다.

7월 21일

🚩 조선

• 오늘의 인물은? •

"불을 끄고 너는 글을 쓰거라. 나는 떡을 썰겠다." 집을 떠나 공부하다 어머니가 보고 싶어 돌아온 한호에게 어머니는 이런 말씀을 하셨어요. 시간이 지나 불을 켜자 어머니가 썬 떡은 가지런했지만 한호의 글씨는 엉망이었어요. 이 일로 크게 깨달은 한호는 열심히 노력했고, 임진왜란 당시 외교 문서를 도맡아 쓸 만큼 아름다운 글씨로 이름을 떨쳤어요. 명의 장군 이여송도 한호의 글씨를 받아 갈 정도였으니까요. 한호가 선조의 명령으로 쓴 『석봉천자문』이 지금까지 남아 있어요. 석봉은 한호의 호입니다.

오늘의 한 문장: ㅎ ㅎ 의 호는 석봉으로 조선 선조 때 글씨를 잘 쓰기로 유명했다.

6월 10일

오늘은?
6·10 민주 항쟁 기념일 /
6·10 만세 운동 기념일

🚩 조선

• 오늘의 인물은? •

최윤덕·김종서

세종은 북쪽 국경이 걱정이었어요. 여진이 국경을 넘어 들어와 사람을 죽이고 물건을 빼앗아 갔거든요. 세종은 압록강 지역에 **최윤덕**을 보내 여진을 몰아내고 4군을 설치했어요. 두만강 지역에는 **김종서**를 보내 여진을 쫓아내고 6진을 설치했죠. 이로써 압록강과 두만강을 경계로 하는 오늘날의 국경선이 만들어졌어요.

오늘의 한 문장
조선 세종은 ㅊㅇㄷ 과 ㄱㅈㅅ 를 보내 여진을 몰아내고 4군과 6진을 설치했다.

7월 20일

> 조선

· 오늘의 인물은? ·

이 항 복

선조 때 신하들이 붕당*을 이루어 서로 다투었어요. '오성'으로 잘 알려진 이항복은 다툼이 있을 때마다 붕당과 상관없이 공평하게 일을 처리하는 것으로 유명했죠. 같은 해에 과거에 합격한 한음 이덕형과는 '오성과 한음'이라 불리며 붕당이 달라도 깊은 우정을 나누었어요. 임진왜란 당시 이항복은 이덕형과 함께 명에 도움을 요청해야 한다고 주장하며 외교적으로 큰 활약을 했어요.

* **붕당** 학문이나 정치적으로 생각을 같이하는 사람들이 모인 집단

오늘의 한 문장: ㅇ ㅎ ㅂ 은 임진왜란 당시 명에 도움을 요청해야 한다고 주장하며 외교적으로 큰 활약을 했다.

6월 11일

조선

· 오늘의 인물은? ·

이 종 무

고려 말에 있었던 박위의 대마도(쓰시마섬) 정벌 이후 왜구의 기세는 꺾였으나 왜구가 완전히 사라진 것은 아니었어요. 왜구가 여러 차례 조선의 해안을 침입하여 소란을 일으켰어요. 세종이 왕이 된 지 얼마 되지 않아 다시 왜구의 근거지인 대마도를 정벌하기로 하고, **이종무**에게 그 일을 맡겼어요. 이종무는 배 227척과 1만 7천여 명의 군사를 이끌고 대마도를 공격하여 큰 승리를 거두고 돌아왔어요.

오늘의 한 문장 조선 세종 때 ㅇ ㅈ ㅁ 는 왜구의 근거지인 대마도를 정벌했다.

7월 19일

▶ 조선

· 오늘의 인물은? ·

김 충 선

　김충선의 원래 이름은 사야가예요. 이름에서 알 수 있듯이 일본인이에요. 가토 기요마사라는 일본 장군 아래에 있던 군인으로 임진왜란 때 처음 조선에 왔어요. 사야가는 곧바로 조선에 항복하고 여러 전투에서 조선군과 함께 일본군에 맞서 싸워 공을 세웠어요. 이를 높이 산 선조가 벼슬과 '김충선'이라는 이름을 내려 주었어요. 임진왜란 이후에도 김충선은 전쟁이 일어나면 전쟁터로 나가 싸웠어요. 60이 훨씬 넘은 나이까지 전쟁터를 누비며 조선에 대한 충성심을 보여 주었답니다.

오늘의 한 문장　ㄱ ㅊ ㅅ 은 임진왜란에서 공을 세워 조선 선조에게 관직과 이름을 받았다.

6월 12일

> 조선

· 오늘의 인물은? ·

조선 초 왜구의 활동이 잦아들었던 것은 군사를 동원한 공격뿐만 아니라 적절한 외교가 있었기 때문이에요. 그 중심에 **이예**가 있었어요. 이예는 70이 넘은 나이까지 수십 차례 일본에 사신으로 가서 협상을 하고, 잡혀 갔던 많은 조선 사람을 데리고 돌아왔어요. 이종무가 대마도를 정벌할 때에도 도움을 주었죠. 왕과 신하들도 이예의 경험과 지식을 인정하여 일본과의 외교에 있어서는 그의 의견을 따랐다고 해요.

오늘의 한 문장 ㅇ ㅇ 는 조선 초기에 일본과의 외교를 이끌었다.

7월 18일

오늘은?
연안 안전의 날

▶ 조선

· 오늘의 인물은? ·

　임진왜란이 일어나자 <u>조헌</u>은 의병을 모아 승려 의병장 영규와 함께 청주성을 공격해 빼앗았어요. 그러고는 금산을 향해 갔어요. 금산은 전라도로 통하는 길목으로 금산이 무너지면 전라도 지방이 일본군의 손에 넘어가는 것은 시간문제였어요. 조헌과 그가 이끈 700여 명의 의병은 많은 수의 적에 맞서 한 명의 도망자도 없이 모두 싸우다 세상을 떠났어요. 뒤에 조헌의 제자들이 700여 명의 의병을 하나의 무덤에 모셨는데, 이를 칠백의총이라고 해요.

오늘의 한 문장 | 임진왜란 당시 ㅈ ㅎ 은 금산에서 700여 명의 의병을 이끌고 일본군과 전투를 벌이다 목숨을 잃었다.

6월 13일

조선

• 오늘의 인물은? •

장 영 실

　세종은 과학 기술에도 많은 관심을 기울였어요. **장영실**과 같이 신분이 낮아도 능력이 뛰어난 사람이 있으면 기회를 주었죠. 장영실은 노비였으나 재주가 뛰어나 관리가 되었어요. 장영실을 비롯한 신하들은 세종의 지원을 받아 하늘의 움직임을 관찰할 수 있는 혼천의와 간의, 해시계인 앙부일구, 물시계인 자격루, 비가 내린 양을 재는 기구인 측우기 등 많은 과학 기구를 만들었어요. 이러한 과학 기구로 인해 백성은 시각과 계절을 정확히 알 수 있게 되었고, 농사짓는 데 많은 도움을 받았어요.

시간을 알 수 있구나.

앙부일구

오늘의 한 문장 　조선 세종 때 ㅈ ㅇ ㅅ 은 자격루 등을 만드는 데 참여했다.

7월 17일 오늘은? 제헌절

　만들 제(制), 법 헌(憲), 기념일 절(節). 이처럼 제헌절은 헌법을 만든 것을 기념하는 날이에요. 1948년 5월, 우리나라는 처음으로 국회 의원을 뽑는 선거를 치렀고, 이때 뽑힌 국회 의원들로 제헌 국회가 구성되었어요. 제헌 국회는 나라 이름을 '대한민국'으로 정하고 대한민국 헌법을 만들어 같은 해 7월 17일 전 세계에 알렸답니다. 그럼 헌법은 뭘까요? 헌법은 법 중의 최고법으로 모든 법의 기본이 됩니다. 우리나라가 나아가야 할 정신을 담은 법으로, 그 어떤 법도 헌법을 거슬러 적용될 수 없어요.

* **제헌 국회** 헌법을 만든 우리나라 최초의 국회

6월 14일

오늘은? 헌혈자의 날

> 조선

· 오늘의 인물은? ·

정 초

 백성의 대부분이 농사짓고 살았기 때문에 세종은 농사가 잘돼야 백성이 잘 살 수 있다고 생각했어요. 그래서 **정초** 등에게 우리나라에 맞는 농사 방법을 담은 책을 만들라고 했죠. 정초 등은 각 고을에서 농사를 잘 짓는 농부를 만나 그들의 경험을 듣고 적었어요. 이를 바탕으로 만들어진 책이 『농사직설』입니다. 『농사직설』에는 우리 땅과 날씨에 맞는 농사 방법이 담겨 있어요.

오늘의 한 문장 조선 세종은 ㅈ ㅊ 등에게 『농사직설』을 만들게 했다.

7월 16일

조선

• 오늘의 인물은? •

| 곽 | 재 | 우 |

과거에 합격했지만 임금의 뜻에 거슬리는 문구가 있다며 합격이 취소되는 아픔을 겪은 곽재우는 벼슬에 뜻이 없어졌어요. 고향으로 내려가 지내던 중 임진왜란이 일어나자 자신의 재산을 털어 의병*을 일으켰어요. 붉은 옷을 입고 다녀 '홍의 장군'이라고도 불린 곽재우는 뛰어난 전술*로 일본군을 괴롭혔어요. 지형을 이용한 다양한 작전을 펼쳤으며, 부하들에게 자신과 같은 붉은 옷을 입혀 일본군에게 혼란을 주어 승리하기도 했어요. 일본군의 조총을 구해 사정거리*를 알아낸 뒤 조총보다 사정거리가 긴 활을 이용해 승리하기도 했답니다.

* **의병** 나라를 지키기 위해 백성이 스스로 조직한 군대
* **전술** 전투 등에서 사용되는 기술과 방법
* **사정거리** 화살, 탄알 등이 날아가 도달할 수 있는 곳까지의 거리

오늘의 한 문장 임진왜란 당시 홍의 장군 ㄱ ㅈ ㅇ 는 의병장으로 활약했다.

6월 15일 오늘은? 노인 학대 예방의 날

🚩 조선

• 오늘의 인물은? •

이 순 지

조선 시대에 달력은 날짜 이상의 의미를 갖고 있었어요. 농사와 관련된 모든 정보를 담고 있는 게 달력이었거든요. 세종은 조선의 사정에 맞는 정확한 달력을 원했고, 이 일을 **이순지**에게 맡겼어요. 이순지 등은 조선을 기준으로 해, 달 등 별들의 움직임을 밝혀낸 자료를 바탕으로 『칠정산』이라는 달력을 만들었어요. 이로써 조선에 맞는 달력을 갖게 되었답니다.

오늘의 한 문장 조선 세종 때 ㅇ ㅅ ㅈ 등은 『칠정산』을 만들었다.

7월 15일

> 조선

· 오늘의 인물은? ·

한성을 떠나 피란했던 선조는 명에 군대를 요청했어요. 1593년 1월, 조선과 명의 연합군은 평양을 되찾았고 일본군은 물러나야 했죠. 남쪽으로 내려오던 일본군은 행주산성을 지나야 했어요. 그곳을 지키던 사람이 **권율**이에요. 권율은 행주산성에서 관군과 백성을 이끌고 온 힘을 다해 싸워 승리를 거두었어요. 부녀자들은 긴 치마를 잘라 덧대어 입은 뒤 그 치마폭에 돌을 담아 병사들에게 가져다주었다고 해요. 이 전투가 바로 행주 대첩이에요.

오늘의 한문장 | ㄱ ㅇ 은 관군과 백성을 이끌고 행주산성에서 일본군에 크게 승리했다.

6월 16일

조선

• 오늘의 인물은? •

설 순

　조선은 유교를 나라의 기본 정신으로 삼았어요. 세종은 설순 등에게 명령을 내려 백성이 유교의 가르침을 알고 실천할 수 있도록 『삼강행실도』를 만들게 했어요. 『삼강행실도』에는 유교의 가르침에 따라 나라와 임금에 충성을 다한 신하, 부모를 잘 섬긴 자녀 등 모범이 될 만한 이야기가 담겨 있어요. 글을 잘 모르는 백성도 이해할 수 있도록 그림을 곁들였으며, 뒤에 훈민정음으로 설명을 달아 다시 펴냈어요.

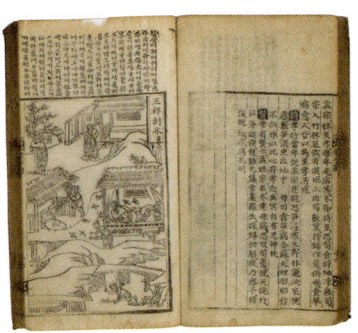
『삼강행실도』 ⓒ 국립중앙박물관

오늘의 한 문장 　조선 세종 때 ㅅㅅ 등은 백성이 유교의 가르침을 실천할 수 있도록 『삼강행실도』를 만들었다.

7월 14일

> 조선

• 오늘의 인물은 •

김 시 민

임진왜란 초기 일본군에 지기만 하던 관군*도 차츰 승리하기 시작했어요. 진주 대첩이 대표적이죠. 진주 목사 김시민은 4천 명이 채 안 되는 군사로 2~3만여 명의 일본군과 싸웠어요. 전투가 시작되자 일본군은 3층 높이의 임시 건물 위에서 성 안을 향해 조총을 쏘아댔어요. 김시민이 이끄는 관군과 백성은 활을 쏘고, 성벽을 타고 넘어오는 적에게 돌을 던지거나 뜨거운 물을 부으며 싸웠어요. 결국 조선이 승리했지만, 이 전투에서 김시민은 일본군의 총탄을 맞고 숨을 거두었어요.

* **관군** 나라에 소속된 정규 군대

오늘의 한 문장 ㄱ ㅅ ㅁ 은 관군과 백성을 이끌고 싸워 일본군으로부터 진주성을 지켜 냈다.

6월 17일

> 조선

• 오늘의 인물은? •

박연

박연은 왕산악, 우륵과 함께 우리나라의 3대 악성(樂聖)으로 꼽혀요. 악성은 성인(聖人)이라고 불릴 정도로 뛰어난 음악가라는 뜻이죠. 박연은 어릴 때부터 음악적 재능이 뛰어났는데, 특히 피리를 잘 불었다고 해요. 과거에 합격한 박연은 훗날 세종이 되는 세자를 가르쳤어요. 이때 음악에 관한 이야기를 많이 나누어 세종이 박연의 음악적 재능을 알아봤다고 해요. 왕이 된 뒤에 세종은 박연에게 음악과 관련된 일을 맡겼어요. 박연은 편종과 편경 등의 악기를 정비했고, 궁중 음악인 아악을 정리했어요.

오늘의 한 문장 조선 세종 때 ㅂ ㅇ 은 악기를 정비하고 아악을 정리했다.

7월 13일

🚩 조선

• 오늘의 인물은? •

황 대 중

    효심이 깊었던 **황대중**은 어머니의 병이 깊어지자 몸의 일부를 잘라 약으로 썼고, 이 때문에 한쪽 다리를 절게 되었다고 해요. 임진왜란이 일어나자 활쏘기 등이 뛰어났던 황대중은 왕을 지키는 군사가 되어 선조가 의주로 피란하는 동안 곁을 지켰어요. 그 뒤에는 이순신 밑에서 활약했죠. 이때 전투 중에 조총에 맞아 다른 쪽 다리도 절게 되었어요. 다리가 불편했음에도 황대중은 임진왜란 동안 여러 전투에서 공을 세웠으며, 결국 남원 전투에서 목숨을 잃었어요. 군사들이 죽은 황대중을 등에 싣자 황대중의 말은 고향까지 달려갔고, 주인을 따라 죽었다는 이야기가 전해져요.

오늘의 한 문장   ㅎ ㄷ ㅈ 은 장애가 있었지만 임진왜란 당시 큰 활약을 펼쳤다.

6월 18일

조선

• 오늘의 인물은? •

세 조

　세종의 큰아들로 오랜 기간 세자로 있으면서 아버지를 도왔던 문종이 왕이 된 지 2년여 만에 죽고, 나이 어린 단종이 왕위에 올랐어요. 문종은 죽기 전에 김종서 등에게 단종을 부탁했죠. 그런데 문종의 동생 수양 대군(훗날 세조)이 왕위를 넘보기 시작했어요. 수양 대군은 단종을 돕던 김종서 등을 죽이고 권력을 잡았어요(계유정난). 그 뒤 수양 대군은 단종에게서 왕위를 넘겨받았어요. 세조는 왕권을 강화하는 여러 정책을 폈으며, 나라를 다스리는 기본이 되는 법전을 만들기 시작했어요.

숙부, 이 나라를 맡아 주시오.

오늘의 한 문장　조선 ㅅ ㅈ 는 계유정난을 통해 권력을 잡고 단종을 몰아낸 뒤 왕이 되었다.

7월 12일

> 조선

• 오늘의 인물은? •

이 순 신

  임진왜란 초기에 육지에서는 조선군이 계속 졌지만, 조선의 바다에는 **이순신**이 있었어요. 전라도 앞바다를 맡게 된 이순신은 배와 화포, 거북선을 만드는 데 집중했어요. 미리 전쟁에 대비한 덕에 옥포, 사천, 당포, 한산도 등지에서 승리할 수 있었죠. 한산도에서는 학이 날개를 펼친 듯 적을 둘러싸고 공격하는 학익진 전법으로 큰 승리를 거두었어요. 이순신이 이끄는 수군의 승리로 바다로 식량과 무기를 옮기려던 일본군의 계획은 무너졌어요. 임진왜란 동안 단 한 번도 패배한 적이 없었던 이순신은 노량 해전에서 일본군의 총탄에 맞아 숨을 거두었어요.

오늘의 한 문장 임진왜란 때 ㅇ ㅅ ㅅ 이 이끄는 조선 수군은 옥포, 한산도 등지에서 승리했다.

6월 19일

조선

•오늘의 인물은?•

성 삼 문

　세조가 조카를 쫓아내고 왕이 되자 집현전 학자 출신 **성삼문**, 박팽년 등은 속이 부글부글 끓었어요. 이들은 세조를 죽이고 단종을 다시 왕위에 올릴 계획을 세우지만, 계획이 들켜 모진 고문 끝에 죽었어요. 성삼문은 고문을 받으면서도 세조에게 왕을 부르는 말인 '전하'라고 하지 않고 '나리'라고 불렀다고 해요. 왕으로 인정할 수 없다는 뜻이죠. 이때 단종에 대한 충성을 거두지 않고 끝내 죽음을 택한 여섯 명의 신하를 우리는 사육신이라고 해요. 이 사건 이후 세조는 집현전을 없앴어요.

나는 나리의 신하가 아니오.

오늘의 한 문장　조선 세조 때 ㅅ ㅅ ㅁ 등이 단종을 다시 왕위에 올리려다 잡혀 목숨을 잃었다.

7월 11일

오늘은? 인구의 날

▶ 조선

· 오늘의 인물은? ·

유 성 룡

"육지를 지킬 장군과 전라도 앞바다를 책임질 사람으로 누가 적당하오?" 선조의 질문에 유성룡은 권율과 이순신을 추천했어요. 당시 두 사람 모두 벼슬이 높지 않아 반대하는 사람이 많았지만 유성룡은 뜻을 굽히지 않았어요. 권율과 이순신은 임진왜란 때 중요한 역할을 합니다. 임진왜란이 일어나자 선조는 피란을 떠나야 했어요. 이때 유성룡은 영의정으로 온갖 나랏일을 도맡아 보았죠. 선조가 명으로 도망가려 할 때는 간곡히 말리기도 했어요. 전쟁 후에는 잘못을 반성하고 앞날을 대비하기 위해 임진왜란 동안 경험한 일을 기록하여 『징비록』을 남겼어요.

다시는 임진왜란 같은 일을 겪지 않도록 해야 돼.

오늘의 한 문장 ㅇㅅㄹ 은 선조에게 권율과 이순신을 추천했으며 임진왜란 후에는 『징비록』을 썼다.

6월 20일

조선

•오늘의 인물은?•

남이

　세조는 고종 사촌의 아들인 남이가 17세에 과거에 합격하자 그를 무척 아꼈어요. 남이는 이시애가 일으킨 반란을 진압하고 북쪽의 여진을 쫓아내는 등 여러 공을 세워 국방*에 관한 일을 총괄하는 병조 판서가 되었어요. 세조가 죽은 뒤 혜성이 떨어지던 어느 밤, 남이가 "하늘이 낡은 것을 쓸어 내고 새로운 것을 내놓을 징조구나."라고 말했어요. 남이를 시기했던 세력이 이를 듣고 남이가 반란을 일으키려 한다고 몰아 결국 남이는 목숨을 잃었어요.

* **국방** 다른 나라나 민족의 침입으로부터 나라를 지키는 일

오늘의 한 문장 ㄴ ㅇ 는 이시애의 반란을 진압하는 등 공을 세웠으나 억울하게 목숨을 잃었다.

7월 10일

조선

· 오늘의 인물은? ·

신 립

　새로운 무기인 조총*을 가진 일본군은 삽시간에 경상도 지방을 무너뜨리고 한성(한양)으로 향했어요. 다급해진 선조는 <u>신립</u>을 내세웠죠. 신립은 말을 타는 기병을 앞세운다면 일본군에 이길 거라 생각하고, 말을 타고 싸우기 유리한 평야 지대인 충주의 탄금대에 진을 쳤어요. 하지만 논밭이 많아 말을 달리기 어려웠고 결국 조선군은 일본군에 크게 패했어요. 패한 신립은 강물에 뛰어들어 스스로 목숨을 끊었어요.

*조총 노끈에 불을 붙여 화약을 터뜨려 쏘는 총으로, 서양에서 전해짐

오늘의 한 문장 　임진왜란 당시 ㅅ ㄹ 은 충주의 탄금대에서 일본군에 맞서 싸웠으나 패했다.

6월 21일 오늘은? 해양 조사의 날

조선

• 오늘의 인물은? •

강희안

 강희안은 세종의 왕비인 소헌 왕후의 조카로, 시, 글씨, 그림에 모두 뛰어났어요. 세종이 임금이 쓰는 도장인 옥새에 새길 글씨를 맡길 정도였죠. 공부도 잘했던 강희안은 과거에 합격한 뒤에 집현전에서 정인지, 성삼문 등과 함께 『훈민정음』「해례본」을 만드는 작업에 참여했어요. 그림에 뛰어났던 강희안은 여러 작품을 남겼는데, 바위에 기대어 엎드린 자세로 물을 바라보고 있는 선비의 모습을 그린 「고사관수도」가 유명합니다.

강희안 「고사관수도」
ⓒ 국립중앙박물관

오늘의 한 문장 ㄱㅎㅇ 은 바위에 기대어 물을 바라보고 있는 선비의 모습을 그린 「고사관수도」를 남겼다.

7월 9일

조선

• 오늘의 인물은? •

송 상 현

   1592년에 일본군(왜군)이 조선을 침략하여 임진왜란이 일어났어요. 일본군은 부산진성을 무너뜨리고 동래성에 쳐들어와 "싸우고 싶으면 싸우라. 싸우고 싶지 않다면 길을 빌려 달라."라고 했죠. 이때 동래성을 지키고 있던 **송상현**은 "싸워서 죽기는 쉬우나 길을 빌려주기는 어렵다."라고 답한 후 굳세게 맞섰어요. 하지만 우수한 무기를 가진 일본군에 이기기는 어려웠어요. 결국 송상현은 끝까지 싸우다가 목숨을 잃었고, 동래성은 일본군의 손에 넘어갔어요.

오늘의 한 문장: 임진왜란 당시 ㅅ ㅅ ㅎ 은 동래성에서 일본군에 맞서 싸우다 목숨을 잃었다.

6월 22일

> 조선

• 오늘의 인물은? •

성 종

성종 때 『경국대전』이 완성되었어요. 『경국대전』은 세조 때 만들기 시작한 조선의 기본 법전으로, 나라를 운영하는 기준이 되었어요. 『경국대전』에는 정치 제도, 경제 활동, 사회 등에 관한 내용이 여섯 가지 영역으로 나뉘어 담겨 있어요. 성종 때에는 나라가 안정을 이루고 여러 제도가 정비되었으며, 지리, 역사, 음악 등 다양한 분야의 책들이 많이 만들어졌어요.

오늘의 한 문장 | 조선 ㅅㅈ 때 조선의 기본 법전인 『경국대전』이 완성되었다.

7월 8일

오늘은? 방위 산업의 날

> 조선

· 오늘의 인물은? ·

정 철

정철은 관리이자 「관동별곡」, 「사미인곡」, 「속미인곡」 등 우수한 문학 작품을 많이 남긴 작가입니다. 바른대로 말하는 곧은 성격으로 벼슬에서 쫓겨나거나 스스로 물러나기도 했어요. 사림이 동인과 서인으로 갈라져 다툴 때에는 서인의 한 사람으로 동인을 몰아내는 데 앞장서기도 했죠. 정철은 광해군을 세자로 삼자고 선조에게 건의했다가 미움을 사 벼슬에서 쫓겨나는 등 굴곡진 삶을 살았어요.

> 차라리 죽어서 범나비가 되리라.
> 꽃나무 가지마다 가는 데마다
> 죽죽 앉고 다니다가
> 향기가 묻은 날개로 임의 옷에 옮으리라
> - 「사미인곡」 중에서 -

오늘의 한 문장: ㅈ ㅊ 은 「관동별곡」, 「사미인곡」 등의 문학 작품을 남겼다.

6월 23일

조선

• 오늘의 인물은? •

서 거 정

서거정은 유학뿐만 아니라 천문, 지리, 의학까지 두루 잘 알았고, 시와 글을 잘 짓기로 유명했어요. 성종 때 서거정은 나라를 다스리는 기준이 된 법전인 『경국대전』을 만드는 데 참여했어요. 이 외에도 왕의 명령을 받아 우리나라의 유명한 시를 모아 엮은 책인 『동문선』, 고조선부터 고려 말까지의 역사를 담은 『동국통감』을 만드는 데 중요한 역할을 했어요.

오늘의 한 문장 ㅅ ㄱ ㅈ 은 조선 성종의 명령을 받아 『동문선』, 『동국통감』을 만들었다.

7월 7일

오늘은? 도농 교류의 날

> 조선

•오늘의 인물은?•

신 사 임 당

오만 원짜리 지폐의 주인공인 **신사임당**은 이이의 어머니로도 유명하지만 시, 그림, 글씨에 뛰어난 예술가이기도 합니다. 신사임당은 풀벌레, 포도, 매화 등을 특히 잘 그렸어요. 어느 날 신사임당이 풀과 벌레를 그린 「초충도」를 마당에 내놓았더니 닭이 살아 있는 벌레인 줄 알고 쪼아 먹으려고 했다고 해요. 결혼한 이후에는 자녀 교육에도 최선을 다했는데, 셋째 아들 이이는 조선을 대표하는 학자가 되었어요.

오늘의 한 문장 이이의 어머니 ㅅ ㅅ ㅇ ㄷ 은 조선 시대 예술가로 시와 그림 등을 남겼다.

6월 24일

오늘은? 전자 정부의 날

🚩 조선

• 오늘의 인물은? •

노 사 신

  노사신은 아주 좋은 집안에서 태어났지만 항상 겸손하고 공부하는 데 게으름이 없었어요. 이를 본 사람들이 노사신은 언젠가 큰일을 할 사람이라고 했답니다. 실제로 세조는 일이 있을 때마다 노사신을 불러 의견을 물었고 그때마다 노사신은 적절한 답을 내놓았어요. 성종 때에는 왕의 명령을 받아 강희맹, 양성지 등과 함께『동국여지승람』을 만들었죠.『동국여지승람』은 전국 각 지역의 지도와 지리, 풍속 등을 담고 있는 책이에요.

오늘의 한 문장   조선 성종 때 ㄴ ㅅ ㅅ 등이 왕의 명령을 받아『동국여지승람』을 만들었다.

7월 6일 — 조선

• 오늘의 인물은? •

이 이

오천 원짜리 지폐의 주인공 **이이**. 이이는 이황과 함께 조선 성리학을 대표하는 큰 학자입니다. 세 살 때 글을 깨우칠 정도로 똑똑했으며 9번의 과거 시험에서 모두 1등을 하여 유명했어요. 이이는 학문을 바탕으로 현실을 개혁하는 것에 관심이 많았어요. 적의 침입에 대비해 군대를 키우자고 선조에게 건의하기도 했죠. 이이는 왕이 닦아야 할 덕목과 지식을 담은 『성학집요』를 지어 선조에게 바쳤으며, 다양한 개혁 방안을 제시한 『동호문답』, 어린이들의 성리학 교육을 위한 『격몽요결』 등 많은 책을 남겼어요.

오늘의 한 문장: 조선의 성리학자 이 이 는 『성학집요』, 『동호문답』 등 많은 책을 남겼다.

6월 25일 오늘은? **6·25 전쟁일**

　1950년 6월 25일 새벽, 북한군이 38도선을 넘어 쳐들어왔어요. 갑작스러운 공격에 국군은 낙동강까지 밀려났으나, 국제 연합군(유엔군)과 힘을 합쳐 서울을 되찾았어요. 국군과 유엔군은 평양을 넘어 압록강 유역까지 나아갔지만, 북한을 도와 중국군이 들어오면서 남쪽으로 밀릴 수밖에 없었어요. 이후 38도선 부근에서 크고 작은 전투가 계속되는 한편 전쟁을 멈추기 위한 회담도 시작되었어요. 마침내 1953년 7월 27일에 정전 협정*이 맺어져 오늘날에 이르고 있어요.

*정전 협정 전쟁 중이던 나라들이 전투를 멈추기로 합의하여 맺은 협정

7월 5일

조선

· 오늘의 인물은? ·

이 황

천 원짜리 지폐의 주인공 **이황**. 이황은 과거를 치른 뒤에 풍기 군수, 성균관 대사성 등의 관직을 맡았어요. 벼슬에서 물러난 뒤에는 성리학을 연구하고 제자를 기르는 데 힘썼어요. 고향인 안동에 서당을 열어 많은 제자를 키웠는데, 이황이 죽은 뒤에 제자들이 그를 기려 서원을 세웠어요. 이곳이 안동 도산 서원입니다. 이황은 선조가 좋은 왕이 되기를 바라는 마음에서 『성학십도』를 지어 바쳤으며, 성리학을 연구하여 많은 책을 남겼어요. 그의 책은 일본에 전해져 일본의 성리학 발전에도 큰 영향을 미쳤어요.

오늘의 한 문장: 『성학십도』를 지은 ㅇ ㅎ 은 조선과 일본의 성리학 발전에 큰 영향을 미쳤다.

6월 26일

오늘은? 마약 퇴치의 날

> 조선

• 오늘의 인물은? •

성 현

　명에서 온 사신을 대접할 정도로 시를 잘 지었던 성현은 음악적인 재능도 뛰어나 궁중에서 연주되는 음악과 무용에 관한 일을 맡아보던 장악원의 책임자가 되었어요. 이때 성종의 명령을 받아 『악학궤범』을 만들었어요. 가사는 한글로 싣고 악기의 종류와 배치, 연주자와 무용수의 옷 등은 그림까지 곁들여 설명했죠. 『악학궤범』은 당시의 음악 이론 등을 집대성*한 책으로 평가받고 있어요.

* **집대성** 여러 가지를 모아 하나의 체계를 이루어 완성함

오늘의 한 문장　조선 성종 때 ㅅ ㅎ 등이 음악 이론 등을 집대성한 『악학궤범』을 만들었다.

7월 4일

조선

• 오늘의 인물은? •

임 꺽 정

　명종 때 백성의 삶은 매우 팍팍했어요. 관리들이 자기 욕심을 채우기 위해 백성을 괴롭혔고 연이어 농사가 잘되지 않았거든요. 살기 힘들어진 백성 중 몇몇은 무리를 이루어 도둑이 되기도 했어요. 대표적인 인물이 **임꺽정**입니다. 임꺽정은 양반집이나 부잣집, 관청의 물건을 훔쳤고, 훔친 물건을 가난한 사람들에게 나누어 주었어요. 사람들은 임꺽정을 의적, 즉 의로운 도적이라 부르기도 했어요. 그러나 임꺽정은 결국 붙잡혀 목숨을 잃었어요.

오늘의 한 문장 ㅇ ㄲ ㅈ 은 조선 명종 때 훔친 물건을 가난한 사람들에게 나누어 주어 의적이라 불리기도 했다.

6월 27일

조선

• 오늘의 인물은? •

김 종 직

성종은 훈구* 세력을 억누르기 위해 **김종직** 등 사림* 세력을 키웠어요. 자신들을 비판하는 사림 세력을 내쫓을 핑계를 찾던 훈구 세력에 기회가 왔어요. 김종직의 제자가 스승이 지은 「조의제문」을 실록의 기초 자료인 사초에 실었는데, 이를 훈구 세력이 발견한 거예요. 「조의제문」은 죽은 의제를 마음 아파한다는 내용이에요. 중국 초 항우는 왕이었던 의제를 죽이고 권력을 잡았는데, 훈구 세력은 「조의제문」이 단종으로부터 왕위를 빼앗은 세조를 비꼬는 것이라고 연산군을 꼬드겼어요. 화가 난 연산군은 칼날을 휘둘렀고, 많은 사람이 죽거나 고향으로 쫓겨 갔어요. 이를 무오사화라고 해요.

* **훈구** 조선 건국 과정이나 세조가 왕위에 오르는 데 공을 세운 사람들
* **사림** 조선 건국에 참여하지 않고 지방에서 성리학을 연구하던 학자들을 이은 사람들

김종직이 증조할아버지 세조를 욕되게 하다니, 가만두지 않겠다.

오늘의 한 문장 연산군 때 ㄱ ㅈ ㅈ 이 지은 「조의제문」이 구실이 되어 무오사화가 일어났다.

7월 3일

> 조선

· 오늘의 인물은? ·

명 종

중종의 큰아들 인종이 왕이 된 지 9개월 만에 죽자 어린 동생이 왕위를 이었어요. 이 왕이 **명종**이에요. 명종이 어렸기 때문에 친어머니인 문정 왕후가 수렴청정*을 했어요. 인종의 외삼촌인 윤임 세력과 명종의 외삼촌이자 문정 왕후의 동생인 윤원형 세력이 서로 권력을 잡기 위해 다투었어요. 그 과정에서 또 한 번의 사화가 일어났어요. 윤원형 세력이 윤임 세력을 몰아내는 과정에서 사림이 화를 입었는데, 이를 을사사화라고 해요.

* **수렴청정** 어린 나이에 왕위에 오른 임금이 어른이 될 때까지 임금의 어머니나 할머니가 대신 정치를 하는 것으로, 발(수렴)을 치고 정치를 듣는다는 뜻

어마마마 뜻대로 하쇼서.

오늘의 한 문장 조선 ㅁ ㅈ 때 윤임과 윤원형 세력의 대립으로 을사사화가 일어났다.

6월 28일

오늘은? 철도의 날

🚩 조선

• 오늘의 인물은? •

연 산 군

조선의 왕들은 '종'이나 '조'로 끝나지만 단 두 사람, **연산군**과 광해군은 아니에요. 이들은 왕위에서 쫓겨났거든요. 연산군은 친어머니가 아닌 새어머니 밑에서 자랐어요. 친어머니 윤씨는 질투가 심하고 왕비의 자리에 어긋나는 행동을 많이 했다 하여 쫓겨난 뒤에 사약*을 받았어요. 친어머니의 죽음에 대해 알게 된 연산군은 친어머니 폐비* 윤씨 사건에 관련된 사람들은 모조리 죽였어요. 이 과정에서 많은 사람이 희생되어 이를 갑자사화라고 해요. 사화는 사림이 화를 입은 사건이라는 뜻인데, 연산군 때에 있었던 무오사화와 갑자사화로 사림이 큰 피해를 입었어요.

* **사약** 먹으면 죽는 약
* **폐비** 왕비의 자리에서 물러나게 된 왕비

오늘의 한 문장   ㅇ ㅅ ㄱ 은 폐비 윤씨 사건을 구실로 갑자사화를 일으켰다.

7월 2일

> 조선

• 오늘의 인물은? •

주 세 붕

　조선 시대에는 서원이 많이 세워졌어요. 서원은 유명한 유학자를 제사 지내고, 유학을 가르치는 역할을 하던 곳이에요. 우리나라에서 처음으로 세워진 서원은 중종 때 **주세붕**이 세운 백운동 서원이에요. 경상북도 영주에 있는 백운동 서원은 처음으로 사액된 서원이기도 해요. 사액이란 '임금이 이름을 지어서 새긴 액자를 내리는 일'을 말하는데, 액자와 함께 책과 땅, 노비 등을 주었어요. 명종은 무너진 학문을 다시 이어 닦는다는 뜻의 '소수(紹修)'라는 이름을 내렸어요. 그래서 백운동 서원이 소수 서원으로 바뀌었답니다.

오늘의 한 문장　ㅈ ㅅ ㅂ 이 세운 우리나라 최초의 서원인 백운동 서원은 소수 서원으로 이름이 바뀌었다.

6월 29일 — 조선

•오늘의 인물은?•

중종

갑자사화 후 연산군은 정치에서 더 멀어졌어요. 전국에서 뽑은 예쁜 여성들을 '흥청'이라 부르며 놀기에 바빴죠. 사람들은 흥청 때문에 나라가 망해 간다며 흥청망청*이라고 했대요. 연산군은 마음에 들지 않는 신하를 죽이기도 했어요. 더 이상 참을 수 없었던 신하들이 연산군의 배다른 형제인 진성 대군을 왕으로 세울 계획을 세웠어요. 군사를 모아 연산군과 가까운 사람들을 없애고, 연산군을 강화도로 내쫓았어요. 그런 뒤 진성 대군을 왕위에 앉혔죠. 이 왕이 **중종**이며, 이 사건을 중종반정*이라고 해요.

* **흥청망청** 여기에서 유래하여 오늘날에도 돈이나 물건을 마구 쓰거나 흥에 겨워 마음대로 즐기는 모양을 뜻하는 말로 쓰임
* **반정** 옳지 못한 임금을 내쫓고 새 임금을 세워 나라를 바로잡는 일

죽이지는 마시오.

오늘의 한 문장: ㅈㅈ 반정으로 연산군이 쫓겨나고 진성 대군이 왕이 되었다.

7월 1일

오늘은?
사회적 기업의 날

▶ 조선

• 오늘의 인물은? •

황 진 이

'송도삼절'은 송도(지금의 개성)에서 유명한 세 가지를 이르는 말로, 서경덕의 학문, 박연 폭포의 아름다움, 빼어난 시인이자 미인으로 알려진 **황진이**가 이에 해당합니다. 황진이는 기생* 출신이지만 재주나 학문 면에서 남자들에 뒤지지 않았어요. 뛰어난 학자인 서경덕도 황진이를 인정하고 학문을 교류했다고 해요. 서경덕은 자신만의 학문을 쌓은 큰 학자로, 이황, 이이, 조식 등과 함께 사림을 대표하는 인물이에요.

* **기생** 예전에 잔치나 술자리에서 노래나 춤 등으로 흥을 돋우는 일을 직업으로 삼는 여자를 이르는 말

오늘의 한 문장 재주와 학문이 뛰어난 기생 ㅎ ㅈ ㅇ 는 송도(개성)를 대표하는 인물이었다.

6월 30일

조선

• 오늘의 인물은? •

조 광 조

'走肖爲王(주초위왕)' 벌레가 갉아 먹은 나뭇잎에 나타난 선명한 글씨! 주(走)와 초(肖)를 합치면 **조광조**의 '조(趙)'가 돼요. 결국 조광조가 왕이 되려 한다는 뜻이죠. 조광조는 연산군을 몰아내고 왕이 된 중종에게 빛과 같은 존재였어요. 나라에 도움이 되는 여러 개혁을 건의했거든요. 중종반정으로 공신이 된 사람들 중에서 공이 없는 데도 공신이 된 사람들을 공신 목록에서 지우자는 위훈 삭제 주장이 대표적이죠. 이에 위기감을 느낀 훈구 세력은 꾀를 내어 나뭇잎에 주초위왕을 새기고 이를 중종에게 보여 줬어요. 중종은 주초위왕 사건을 계기로 조광조를 죽이고 사림을 쫓아냈어요. 이를 기묘사화라고 해요.

오늘의 한 문장: 조선 중종 때 일어난 기묘사화로 ㅈ ㄱ ㅈ 를 비롯한 사림 세력이 쫓겨났다.

7월

조선2